적명을
말하다

적명을 말하다

1판 1쇄 인쇄 | 2020년 10월 1일
1판 2쇄 발행 | 2022년 2월 1일

지은이 | 유철주

펴낸이 | 이미현
펴낸곳 | 사유수출판사
만든이 | 이미현, 박숙경, 유진희

서울시 마포구 동교로 19길 86 제네시스 503호
대표전화 | 02-336-8910
E-mail | ikmi406@hanmail.net

등록 | 2007년 3월 4일

선사들이 들려주는
수좌 적명의 삶

적명을
말하다

사유수

우담발화 꽃으로
다시 돌아오십시오

적명 스님이 홀연히 가시고 여름안거를 보내게 되니 스님의 부재가 더욱 실감납니다.

적명 스님은 어떤 분인가.

스님에 대해서는 여러 수식이 있을 수 있겠지만 한마디로 '천상 수행자'였다고 할 수 있습니다. 스님은 평생 수좌로서 열심히 정진했고 후학들을 잘 가르키려고 애쓰다 가셨습니다. 누구보다 모범적으로 살아서 수행승들의 귀감이 되었습니다.

지난 70~80년대는 선원마다 참선의 열기로 뜨거웠습니다. 그 가운데서도 적명 스님은 우뚝 돋보이는 선사였습니다. 깨달음이라는 문턱 앞에서 항상 양심적인 수행자였기에 많은 스님들이 존경하고 따랐습니다. 스님의 이런 신선하고 향기나는 면모를 본받았기에 명실공히 수좌계의 만형이라 불리우기도 했습니다.

적명 스님은 오로지 선사였습니다. 대중들과 소통할 수 있는 안목을 키우기 위해 교학을 익히되 오로지 선이 중심이고 교는 선을 도왔습니다. 시절이 흘러 수행환경도 급변했지만 어느 자리에서도 수행의 끈을 놓치 않았습니다. 스님 같은 분이 계셔서 수행자들이 자부심을 갖고 공부했고 불교계도 청정한 힘이 있었습니다.

이제 적명 스님이 떠나고 나니 한 사람의 수행자가 우리에게 던지는 울림이 얼마나 큰지 새삼 알게 됩니다. 스님이 평생 힘써온 깨달음과 수행의 문제 그리고 한국불교의 문제점들에 대한 고민은 이제 우리들에게 남겨진 숙제라 생각됩니다.

적명 스님을 수행자의 귀감으로 여기고 존경하는 분들에게 이 책에 실린 여러 스님들의 회고는 잠깐이라도 자신을 돌아보게 하고 스님의 훈향을 느끼게 합니다.

적명 스님은 평생 초심을 밀고 나간 멋진 수행자였고 다음 생에도 그 길을 걸어가실 것입니다. 어느 때보다도 희망이 필요한 이 시대에 스님께서 생전에 좋아하셨던 우담발화 꽃으로 다시 우리 곁에 돌아오시기를 바랍니다.

불기 2564년 9월 초순 축서사 응향각에서
금곡 무여

멋지게 살다 간
적명 스님

적명 선사는 늘 정의롭고 당당했다.

불의에 타협이 없고 불의를 보면 더 강해졌다.

후배들이나 종단에서 불의한 모습을 보이면 바로 직언했다.

바르고 정의로운 일에 망설임 없이 실천한다.

어떠한 장애도 개의치 않는 수행자의 기개가 엿보였다.

1960년대 종단정화 시절 상당수의 선사들이 종단행정에 참여하자 그분들을 대신해 적명 선사는 20대 말부터 선덕, 입승 등을 맡아 제방 선원을 이끌었다. 당시 선원에서 대표적으로 수행 잘 하시는 수좌로 적명 선사와 무문 선사를 꼽았다. 두 분의 스타일이 정반대여서 무문 선사는 말없이 행동으로 실천하여 대중을 이끄셨고 적명 선사는 다양한 대중을 능대능소하게 이끄셔서 두 분은 납자들의 존경을 받아왔다. 이후 종립선원인 봉암사에 한동안 어른 자리가 비어 있게 되자 대중들이 의논해 자연스럽게 적명 스님을 수좌로 모시게 되었다.

적명 선사는 오래 전부터 수좌복지에 대한 의지가 확고하셨다. 그러다 2009년에 뜻 맞는 수좌들과 모아온 기금을 종자돈으로 내놓음으로써 수좌복지회가 발족되었고 체계적인 운영을 위해 수좌선문화복지회라는 재단법인까지 설립하게 되었다. 선사의 안목이시다.

또 2016년 가을, 21세기 문명의 대안으로 떠오른 선을 국내는 물론 세계에 널리 알리기 위해 봉암사에 세계명상마을을 유치하는 데 주도적인 역할을 하셨다. 그러기 위해 흔쾌히 세계명상마을 추진위원회의 대표를 맡았고 또 산승에게 상임추진위원장 소임이 맡겨져 선사를 모시고 제반사항을 의논해왔는데 졸지에 입적하시니 황망하기 이를 데 없다.

적명 선사는 불꽃같이 치열했던 60여 성상의 수좌 본연의 모습도 모자라 탈신의 순간마저도 제행무상 생사대사의 도리를 일깨워주셨다. 선사의 큰 뜻을 이어 세계명상마을을 잘 완공시키고 운영하여 선문화로 지구촌을 희망의 빛으로 인도하는 것이 적명 선사의 유지를 잘 받드는 길이라 생각한다.

불기 2564년 9월
전국선원수좌회 상임대표 의정

7

봉암사 경내

차 례

공부는 자기 가슴 속에서
흘러나와야 합니다

* 적명 스님이 2019년 12월 24일 입적 직전
 봉암사 대중들에게 마지막으로 들려주신 법문입니다.

오늘은 어록에 나오는 옛 선사들의 이야기를 소재로 말씀드려 볼까 합니다.

당나라 말엽의 설봉의존 선사에 대해서는 많은 분들이 알고 있으리라 생각됩니다. 수행납자의 귀감이 되는 분으로 각고정진 하시던 그 분의 모습은 언제나 우리를 감동케 합니다.

'삼도투자三到投子 구지동산九至洞山'이라는 언구는 그 분의 젊은 시절 구도행각을 단적으로 표현하는 말입니다. 투자 스님 회상에는 세 번을 찾아가 살았고 동산 스님 회상에는 무려 아홉 번을 찾아가 모시고 살았다는 이야기입니다.

모시고 살았다는 것이 한 철 석 달을 말할 수도 있지만 3년이나 5년, 10년, 20년 혹은 더 많은 세월 어른스님들을 찾아다니며 모시고 살았다는 의미일 수도 있습니다.

그리고 이 분은 대중에 나아가면 공양주와 같은 하ㅏ 소임

보기를 즐겨하셨다는데요, 동산 스님 회상에서 공양주를 하면서 나눈 동산 스님과의 거량 이야기는 유명합니다.

설봉 스님이 공양주를 맡아 쌀을 일고 있는데 동산 스님이 지나가다 보고 묻습니다.

"쌀을 고르고 돌을 버리는가? 돌을 고르고 쌀을 버리는가?"

"예. 쌀도 돌도 함께 골라 버립니다."

"그렇다면 대중들 공양은 무엇으로 짓는 것인가?"

그러자 설봉 스님이 바로 바가지를 바닥에 엎어 버렸다고 합니다. 이를 본 동산 스님이 말합니다.

"얻기는 얻겠지만 따로 사람을 만나야 하느니라."

과연 나중에 덕산 스님을 만나서 공부를 마치게 되고 그 법을 잇게 됩니다.

동산양개 선사는 조동종曹洞宗의 종조로 임제 스님, 덕산 스님과 더불어 조사선의 새로운 시대를 연 대 선각자 중의 한 사람입니다. 임종에 이르러 목욕재계하고 법문을 마친 채로 법상에서 좌탈입망坐脫立亡 하셨는데 대중이 목 놓아 울며 너무 슬퍼해 다시 깨어나 일주일을 머물며 법문하시고 나서 마침내 다시 앉은 채 입적하셨다고 합니다. 지금 사람들에게는 믿기지 않는 생사해탈에 자재한 모습입니다.

설봉 스님이 암두 스님과 함께 오산에 갔다가 눈에 막혀 며

칠을 머물 수밖에 없었는데 암두 스님은 누워 계속 잠만 자고 설봉 스님은 계속 앉아서 좌선을 했다고 합니다.

그러다 어느 때 설봉 스님이 말합니다.

"사형! 사형! 일어나세요!"

암두 스님이 일어나서 묻습니다.

"무슨 일이요?"

설봉 스님이 말합니다.

"지금 나의 마음이 편안하지 않습니다. 나는 속이 괴로워 죽겠는데 사형은 잠만 자는구려!"

암두 스님이 할을 하면서 말합니다.

"잠이나 자시오. 날마다 평상에 앉아서 마치 마을 지키는 토지신처럼 앉아 지내지 말고."

설봉 스님이 자기 가슴을 두드리면서 소리칩니다.

"나는 여기가 많이 아파서 내 자신을 속일 수가 없습니다."

암두 스님이 말합니다.

"나는 그대가 뒷날 우뚝한 봉우리 위에서 큰 교법을 드날릴 것이라 믿었는데 겨우 그런 말이나 하다니요?"

설봉 스님이 다시 말합니다.

"나는 진실로 편치가 않습니다. 편치가 않아요."

그러자 암두 스님이 자리에 일어나 앉으며 진지하게 말합니다.

"정 그렇다면 스님의 견해를 낱낱이 털어놓아 보여 주시오. 옳은 곳은 옳다고 증명해주고 옳지 않은 곳은 그 그릇된 곳을 지적해서 고칠 수 있도록 노력해 봅시다."

이에 설봉 스님이 그간의 자신의 경험과 견해를 드러내 보여 줍니다.

"내가 처음 염관 스님을 찾아뵈었을 때 색色과 공空의 이치를 말씀하시는 법문을 듣고 들어갈 곳을 깨달았습니다."

이렇게 말하자 암두 스님이 가로막습니다.

"앞으로 30년 동안 결코 그 이야기를 다시 하지 마십시오."

또 설봉 스님이 동산 스님의 오도송 '저를 따라 보려 하면 할수록 멀고 이제 홀로 가니 처처에서 그를 보도다'를 인용해 보이니 암두 스님이 "그렇게 알아 가지고는 자기 구제도 펼치지 못합니다."라고 합니다.

그래서 덕산 스님을 처음 만날 때의 인연 언구를 또 들어보였습니다.

"'종문宗門의 향상사向上事를 배울 분이 제게도 있겠습니까?'라고 물으니 덕산 스님이 한 방망이 때리면서 '뭐라 지껄이느냐?' 하시는데 활연히 통밑이 빠져버리는 듯 했다."고 하니 암두 스님이 할을 하면서 말합니다.

"그대는 듣지 못했는가? 문으로 따라 들어오는 것은 진정한 보배가 아니라는 말을…"이라고 했습니다.

이에 설봉 스님이 묻습니다.

"이제 어찌해야 하겠습니까?"

암두 스님이 힘주어 말합니다.

"다음날 큰 가르침을 펼칠 것인데 하나하나가 자기 가슴 속에서 흘러나와야만 합니다. 그래야 하늘도 덮고 땅도 덮을 수 있게 됩니다."

설봉 스님이 이 말 끝에 확철대오廓撤大悟하고 기쁜 나머지 큰 절을 올리고 나서 연거푸 소리를 지릅니다.

"오늘 마침내 오산에서 성도하였도다. 오산에서 성도하였도다!"

도를 이루고 나서 남쪽 지방에 있는 설봉산으로 돌아와 그곳에서 절을 개창하자 사방에서 제자들이 법을 구하려고 구름처럼 몰려들었습니다.

이곳에서 법륜法輪을 굴리며 종지宗志를 오랫동안 드날렸는데 고향인 복건성을 중심으로 큰 교판을 형성하였고 모여든 청법 대중들이 항상 1500명 밑으로 떨어지지 않았다고 합니다.

제방 납자와의 수많은 거량이 전해져 내려오거니와 그 중 한 가지를 골라 소개하는 것으로 오늘 설봉 스님에 대한 말씀은 마치는 것으로 하겠습니다.

설봉 스님에게 삼성 스님이 찾아와 묻습니다.

"그물을 벗어난 금빛 물고기는 과연 무엇으로 먹이를 삼습니까?"

설봉 스님이 대답합니다.

"그대가 그물에서 벗어나거든 그때 가서 말해주리라."

삼성 스님이 말합니다.

"1500명을 거느리는 선지식이 말귀도 하나 제대로 못 알아 듣는구만."

설봉 스님이 대답합니다.

"늙은 중이 주지 일이 번거로워서…"

문답에서 느껴지듯이 삼성 스님은 패기만만한 젊은이 같습니다. 이 스님은 임제 스님의 제자로 임제 스님의 임종을 지켰던 분이고 임제 스님의 인가를 받아 그 당시 이미 제방에서 널리 알려졌던 분이라고 합니다.

그런데 그런 분이 찾아와 거량을 청하는데 설봉 스님의 태도가 너무 사람을 무시하는 것 같은 느낌입니다.

스스로를 '투망금린透網錦鱗'이라고, 세상사 모든 얽힘에서 벗어난 해탈장부라고, 그래서 무애자재한 도인이 굳이 할 일이 있다면 어떤 일이 있겠는가라며 배를 내밀고, 짐짓 거만하게 묻는 젊은이에게 진정 그대가 깨달아 해탈을 완성하게 된다면 그때 가서 일러주겠다고 하는 것은 지금은 그대가 제대로 깨닫지 못했다고 면박을 주는 것과 같습니다.

그러자 아니나 다를까 젊은 삼성 스님은 반발합니다. 1500명을 거느리는 선지식이라는 분이, 아니 간단한 말귀 하나도 제대로 알아듣지를 못한단 말인가? 도대체 어떻게 된 일인가? 하고 달려드는 것입니다.

그러자 의외로 설봉 스님은 꼬리를 내리고 머리를 숙이는 모습을 보입니다.

"노승이 주지 일이 번거로워서…."

주지 일에 치이다보니 정신이 없어서 실수를 저질렀다는 이야기 같습니다.

이 문답의 내용은 겉으로 보이는 것이 정말 사실 그 자체일까요? 많은 선사들이 이에 대한 다양한 평들을 내놓고 있습니다만, 간단한 한 두 개의 평을 소개하는 것으로 이 이야기를 마무리 하려 합니다.

승천종承天宗이 염하였습니다.

"하늘에 가득한 그물을 펴는 이는 모름지기 설봉이어야 하고, 범의 굴에 깊이 들어가는 이는 삼성이라야 된다. 대중들 중에 어떤 이는 헤아리기를 '설봉은 그물 안에 있고, 삼성은 그물 밖에 있다' 하니, 애달프구나! 옛 사람을 몹시도 모욕했다. 만일 이 두 분이 아니었다면 천하를 설치고 다니지 못했으리라."

운문고雲門杲가 상당하여 이 이야기를 들어 말하였습니다.

"두 존숙이 한 사람은 거칠기가 산 같고, 한 사람은 섬세하기

21

가 쌀가루 같다. 이렇게 거칠고 섬세함이 같지 않으나 달아 보면 무게는 똑같도다. 내가 오늘 진실로 알리노니, 여러분은 행여라도 거북의 껍질이나 기와 쪽으로 점을 치려 하지 말라."

여러분 많은 시간 동안 수고가 많으셨습니다. 성불하십시오.

다시 만나기 어려운
참수행자

대원 스님
조계종 원로회의
수석부의장

4월의 계룡산은 극락이다. 만 가지 꽃이 피어나 향기를 내뿜고 수목은 싱그러움으로 세상을 장엄한다. 꽃길 속에서 노닐다 도착하니 학림사다. 사찰 바로 옆에 우뚝 병풍처럼 펼쳐진 장군봉은 용의 머리이고 이어진 임금봉과 수리봉은 용의 몸통이다. 그만큼 학림사 오등선원五燈禪院의 기운은 남달랐다.

절 입구에 위풍당당한 '이뭣고' 비碑를 지나 대적광전을 중심으로 오등선원과 시민선원이 자리하고 있다. 매주 토요일이면 산철임에도 각 선방에서는 출재가 대중들이 정진의 고삐를 놓지 않고 있다.

대적광전 부처님께 삼배를 올리고 회성당會惺堂에서 학림사 오등선원 조실 대원 스님을 만났다.

스님은 1956년 상주 남장사로 출가하여 1958년 고암 스님을 은사로 사미계를, 1962년 동산 스님을 계사로 비구계를 수

지했다. 1966년 이후로 당대 선지식인 효봉, 금오, 고암, 전강, 경봉, 성철, 향곡 스님 등을 참방, 21년간 각고의 정진을 했다.

그러던 중 1986년 '忽聞栢頭手放語 廓然銷覺疑團處 明月獨老淸風新 凜凜闊步毘盧頂(홀문백두수방어 확연소각의단처 명월독로청풍신 름름활보비로정) 즉, 홀연히 잣나무 꼭대기에서 손을 놓고 반걸음 나아가라는 말을 듣고 확연히 의심 덩어리가 녹아 깨달았네. 밝은 달은 홀로 드러나고 맑은 바람은 새로운데 늠름히 비로자나 이마 위를 활보함이로다'는 오도송을 지어 올리자 스승 고암 스님은 다음과 같은 전법게傳法偈를 내렸다.

'佛祖傳心法 不識又不會 趙州茶一味 南泉月正明(불조전심법 불식우불회 조주다일미 남천월정명), 즉 불조가 전한 심법은 알지도 못하고 또한 알지도 못함이라. 조주의 차 맛이 일미이거니, 남전의 달이 정히 밝도다.'

이후 대원 스님은 이 땅의 선불교를 알리고 포교하는 데 앞장서 왔다. 1986년 옛 제석사 터에 학림사를 창건, 1995년 오등선원을 개원하고 조실로 추대됐다. 오등선원은 2001년 시민선원을 개원해 선의 대중화에도 진력하고 있다.

오등선원은 지난 봄 '3년 용맹정진 결사'를 회향했다. 지난 2017년 대원 스님의 원력과 불퇴전의 각오로 정진하겠다는 수좌스님들의 서원에 의해 결사가 이뤄졌다. 전국에서 24명의 수좌스님들이 일대사를 해결하겠다는 각오로 동참했지만 회향은 12명만이 함께 할 수 있었다. 그만큼 쉽지 않은 공부라는 반증이다. 대원 스님은 "3년 결사를 마쳤어도 아직 확실한 깨달음을 증득한 것은 아니다. 산문을 나가더라도 더욱 참구하고 정진해야 한다. 이런 구도 열정이 한국불교의 밝은 미래를 보여주는 것이다"라며 스님들을 격려했다.

정성으로 써 내려간 게송

따뜻한 차 향이 방 안을 감싸자 대원 스님이 오랜 도반이었던 적명 스님을 떠올렸다.

"이렇게 급작스럽게 가셔서… 돌아보니 함께 했던 시간들이 까마득한 추억으로 남아 있습니다."

한동안 말씀을 아끼던 스님이 가만히 시자를 불러 펜과 종이를 청하더니 글을 써내려갔다.

寂明何人 적명하인

大地獨步 自修自證 대지독보 자수자증
須彌頂上 一足獨立 수미정상 일족독립

적명 스님을 추모하는 게송을 짓는 대원 스님

十字街頭 弄自賣香 십자가두 농자매향

宇宙無比 可謂寂明 우주무비 가위적명

적명 스님은 어떤 사람인가

대지에서 홀로 걸으며

스스로 수행하고 스스로 깨달음이로다

수미산 정상에 외발로

홀로 선 사람이여

29

십자 거리에 내려와서는

스스로 희롱하여 향을 파는구나

우주에 비할 수 없는 사람이니

가히 적명이로다

게송에는 도반에 대한 마음이 그대로 담겨 있었다.

"적명 스님에 대한 생각을 적어 보았습니다. 스님은 스스로 수행하고 스스로 깨달은, 우주에서 비할 수 없는 그런 사람이 었습니다. 적명 스님은 당대의 어른스님들이 정말 아꼈던 수좌 였습니다. 성철, 경봉, 월하, 서옹 스님 등 내로라 하는 스님들이 일찌감치 인정한 그릇이었죠. 어떤 스님은 상좌로 삼고 싶어하 기도 했지만 적명 스님은 "그것은 수좌의 도리가 아닙니다."라 며 거절했다고 합니다. 저를 비롯한 도반들 역시 적명 스님을 많이 좋아했는데 우리 불교의 큰 별이 사라져 버렸습니다."

대원 스님은 적명 스님과의 첫 인연을 기억해냈다.

"1969년 동안거 때였습니다. 범어사 선원에서 정진하고 있 는데 해인사 선원에서 몇몇 수좌스님들이 찾아 왔습니다. 범어 사 대중 앞에 삼배를 하더니 해인사 선방에 어려운 일이 생겼 다며 도움을 청하러 왔더라구요. 그때 적명 스님을 처음 만났어 요. 매우 영민하고 똑똑한 모습이었었습니다."

이때 적명 스님에 대한 강한 인상을 받은 대원 스님은 이후 해인사, 통도사, 봉암사 선원 등에서 적명 스님과 함께 정진했다.

"1979년 동안거 때 통도사 극락암 선원에서 같이 정진했습니다. 적명 스님은 상선원 입승, 저는 하선원 입승을 했어요. 경봉 큰스님 모시고 열심히 공부했습니다. 경봉 큰스님께서는 수좌들을 활발발하게 대하셨습니다. 이사理事에 능수능란한 분이었고 수좌들을 너그러운 마음으로 다스려 주신 분으로 기억합니다. 적명 스님도 그렇고 저도 참 신심 있게 공부할 때였습니다."

대원 스님은 적명 스님의 공부이력이 대단하다고 언급했다.

"제가 듣기로 적명 스님은 출가 초기에 '〈초발심자경문〉만 배우면 굳이 강원에 안 가도 된다'는 이야기를 듣고 강원공부를 하지 않았다고 합니다. 수좌는 〈서장〉과 〈선요〉만 배워도 공부하는 데 문제없다고 해서 독학으로 익혔다고 들었습니다. 그런데 어디서 경전 이력을 쌓았는지 대승경전에 대한 이해도 박학하고 누가 물으면 일목요연하게 답하는 걸 보고 놀랐습니다."

통도사 극락암 정진 이후 두 스님은 봉암사에서 다시 만났다. 그동안 못다 한 얘기들을 나누던 중 불쑥 대원스님이 먼저 운을 뗐다.

"적명 스님! 한 번 일러보시오! 일러도 30방 못 일러도 30방입니다."

"하하. 그럼 그 60방을 모아서 스님한테 다시 돌려드리겠습니다."

"하하. 그래요? 30방을 다시 보태서 90방입니다. 어떻습니까?"

"우리 대원 스님은 왜 그렇게 때리는 것을 좋아하시오? 무엇을 하기 위해 때립니까?"

"새장에 갇혀 있는 새를 꺼내기 위해 하는 것입니다."

"그래요? 그럼 새를 몇 마리나 꺼내주셨습니까?"

"시자야! 새 모이를 가져 오너라."

"이때가 1980년대 초반의 일입니다. 적명 스님은 '나는 여태 누구하고 법거량 해본 적이 없는데…' 하고 웃으며 자기 방으로 돌아갔습니다. 이후에도 적명 스님과는 가끔 만나 격의 없는 대화를 나누는 도반으로 지냈습니다. 해제하면 한번씩 학림사를 다녀가셨지요."

일생을 청풍납자로 보낸 도반

대원 스님은 적명 스님이 기기암에서 봉암사로 갈 때의 일을 잠시 떠올렸다.

조계사 대웅전 앞에서 대원 스님, 적명 스님, 선타 스님, 2010년(우로부터)

"적명 스님이 봉암사 수좌首座로 갈 때 당신은 한사코 조실을 마다했습니다. 스님은 사전에 조실로 청하러 간 수좌스님에게 '나는 모시는 조실은 안 한다. 자신이 있으면 내가 내 발로 찾아가서 하지.'라고 하셨답니다. '참 수좌다운 말씀이구나' 생각했지요."

적명 스님이 봉암사 수좌로 들어올 무렵 젊은 스님들 사이에서는 미얀마나 태국에 가서 남방선을 공부하고 오는 분위기가 한창 일어났다. 종립선원 수좌로서 적명 스님의 생각은 어떠했을까.

수좌 적명 대종사 전국선원수좌회장 영결식, 봉암사

　"초기불교에 대해 관심 있는 수좌들이 한때 봉암사에 와서
공부하기도 했다고 합니다. 그런데 그들이 당신 방에 와서 남
방불교 수행방법에 대한 질문을 한다는 겁니다. 뭐든지 본인이
확실하게 알지 못하면 입을 떼시는 분이 아닌지라 적명 스님은
그때 남방불교의 수행교재라고 할 수 있는 〈청정도론〉을 꼼꼼

이 읽게 되었다고 들었습니다. 그렇게 자신이 공부를 했기 때문에 후배스님들에게 화두선과 남방불교를 비교분석 해줘 가며 간화선으로 이끌어갔던 것입니다."

대원 스님은 현대의 다양한 수행방법을 인정하면서 한국불교의 핵심인 간화선을 익힌다면 분명 확철대오하는 수행자가 나올 것이라며 꾸준한 정진을 당부했다.

결제 중 갑작스런 적명 스님의 입적은 대원 스님에게도 충격이었다. 장의위원장을 맡은 대원 스님은 2019년 12월 28일 봉암사에서 열린 적명 스님 영결식에서 직접 쓴 영결사를 읽어 내려갔다.

적명 대종사시여!
일생을 청풍납자로 일념 수행 정진하셨으니
그 선지는 향수해가 깊다 해도 미치지 못하고,
봉암사의 종풍을 드날리시고 수행가풍을 바로 세우셨으니
그 공덕과 업적은 수미산이 높다 해도 비할 수 없을 것입니다.

萬古不動曦陽山 만고부동희양산
鳳巖溪水谷外流 봉암계수곡외류
大衆哀悼淚滔天 대중애도루도천
靈前菊花笑點頭 영전국화소점두

희양산은 만고토록 움직임이 없고

봉암의 시냇물은 계곡 밖으로 흐르며

대중의 애도하는 눈물은 하늘에 흘러넘치고

영전의 국화는 웃으며 머리를 끄덕이는도다

대원 스님에게 적명 스님 이후 봉암사에 대해 여쭈었다.

"봉암사는 특별한 한 사람의 큰 인물이 필요한 수행처가 아닙니다. 대중스님들의 힘으로 운영되고 지켜지는 도량입니다. 어떤 특정인이 잘났다고 흔들려 해도 수좌들에게 치이는 곳입니다. 누가 흔든다고 흔들려지는 곳도 아닙니다. 대중스님들이 묵묵히 수행 잘하면 봉암사는 문제 없습니다."

대원 스님은 지난 해 가을 마지막으로 적명 스님을 만났다.

"지난 겨울 안거 시작되기 전에 적명 스님께서 학림사를 다녀가셨습니다. 스님께서는 당신이 봉암사 수좌로 지낸 지난 십여 년을 돌아보시더군요. '기기암에서 공부를 회향할 생각으로 지내다가 시절인연으로 봉암사에 들어왔다. 그동안 나름대로 종립선원에서 수좌의 선풍을 살려 보려 애썼지만 내 마음만큼은 안 되어 아쉬움이 크다.'며 속내를 내보이셨어요.

적명 스님과 밤 늦게까지 요즘 선원의 수행 분위기와 공부 방법에 대해 대화했습니다. 급변하고 있는 현대의 문화에 맞춰 선원의 체질개선이 필요하다는 데 서로 공감했지요. 또 오늘날 많은 수행자들이 수행방법에 대해 혼란을 느끼고 있다는 점도 주목했습니다. 간화선과 더불어 여러 수행방법에 대한 관심이 늘고 있는 만큼 심도있는 연구들이 뒷받침되어 수행방법을 개선할 필요가 있다고 했습니다. 머지 않아 수좌들이 모여 같이 토론하는 시간을 갖자면서 이야기를 마무리했지요. 스님은 이튿날 아침 봉암사로 떠나시면서 '언제 여기를 올런지 모르겠다.'며 저를 한참 바라보셨는데 그 모습이 마지막이 되어 버렸습니다."

수행자는 수행자다워야 한다

원각 스님

해인총림
방장

조계종 종정과 해인총림 방장으로 후학들을 제접했던 혜암 스님의 법향이 남아 있는 원당암으로 향했다. 올해로 탄신 100주년을 맞은 원당암은 여전히 차분하고 고요했다.

봄바람과 함께 원당암 맨 위쪽에 자리한 미소굴微笑屈로 먼저 갔다. 혜암 스님의 생전 주석처였던 미소굴은 현재 스님의 진영을 비롯한 유품 전시공간으로 탈바꿈해 있다. 미소굴 옆에는 스님의 추상같은 가르침 '공부하다 죽어라' 비碑가 우뚝 서 있다.

"공부하다 죽어라. 공부하다 죽는 것이 사는 길이다. 옳은 마음으로 옳은 일 하다가 죽으면 안 죽어요." 혜암 스님이 생전에 후학들에게 자주 설했던 말씀이다. 인과因果를 강조한 스님은 모든 일에는 원인과 결과가 있으니 올바르게 살고 철저하게 공부하라고 누누이 불자들에게 일렀다.

다시 발걸음을 달마선원達磨禪院으로 돌렸다. 원당암은 1996년 지금의 달마선원을 열었다.미소굴 바로 옆에 있는 선원에서 재가불자들은 매월 첫째 주와 셋째 주 주말에 철야참선법회를 갖는다. 선원은 1년 12달 중 무려 9달 동안 정진한다. 동안거와 하안거 외에 봄, 가을 산철결제를 각각 한 달 보름씩 진행한다. 기간은 음력 2월 15일부터 3월 31일까지, 8월 15일부터 9월 30일까지다. 쉴 틈이 없는 일정이다. 또 동안거와 하안거 중에는 해인사 선원 스님들처럼 7일간 잠을 자지 않고 수행하는 용맹정진을 함께 하고 있다.

오늘날 해인총림이 한국불교의 선맥禪脈을 올곧게 잇고 있는 것은 방장方丈 원각 스님이 따뜻한 미소로 대중들을 이끌고 있기 때문이다. 원당암 염화실로 가 원각 스님에게 삼배를 올렸다.

엄격하면서도 자상한 스승 혜암

원각 스님은 혜암 스님의 제자이다. 스승이 그랬듯 해인총림을 이끌고 있다. 총림의 위상은 여전히 견고하고 단단하다.

"고등학교를 마치고 해인사 약수암에서 공부를 했습니다. 그때 해인사 중봉암에 계시던 도림 스님(훗날 봉철 스님)이 자주 약수암에 다녀가셨습니다. 어렸을 때부터 저는 '착하게 사는 것'에 대한 강박관념이 있었어요. '어떻게 하면 착하게 살 수 있을까?' 이런 고민이 계속됐습니다. 그러던 어느 날 도림 스님이 '착한 것도 내려놓고 악한 것도 내려놓으라.'고 하십니다. 그 말을 듣는 순간 발심이 됐어요."

1966년 동안거가 끝나고 혜암 스님이 중봉암에 왔다. 원각 스님은 처음 만난 혜암 스님에게 출가하고자 하는 이유를 분명하게 말했다.

"선과 악 양변을 내려놓으니 마음이 시원해졌고 그래서 출가하고 싶습니다."

혜암 스님은 더 듣지 않고 그 자리에서 출가를 허락했다.

"은사스님께서 저를 받아주실 때 하신 말씀이 있습니다. '중노릇 잘 못하면 상좌를 잘못 가르친 스승도 같이 지옥에 떨어진다. 그러니 중노릇 잘하라. 모든 것은 때가 있으니 때를 놓치지 말고 젊을 때 열심히 공부하라.' 하셨습니다.

중봉암에서 행자생활 할 때 강원講院도 다니지 않고 유일하게 배운 게 『초발심자경문初發心自警文』이었는데 신심이 생기고 좋았습니다. 하루는 은사스님께서 부르시더니 어떤 구절이 좋으냐고 물으셔요. 그래서 '平等性中 無彼此 大圓鏡上 絕親疎 (평등성중 무피차 대원경상 절친소)'를 꼽았죠. 평등한 성품 가운데는 너와 내가 따로 없고, 우리의 본래 마음바탕에서는 가깝고 먼게 없다는 뜻입니다. 그랬더니 법명을 한번 지어보라고 하세요. 생각 끝에 성각性覺이 어떠냐고 여쭈니 자신과 같은 돌림이라 안 된다고 해서 지금의 법명 원각源覺을 쓰게 됐습니다."

스승 혜암 스님은 엄격하면서도 자상하게 제자를 가르쳤다. 또 직접 실참을 통해 제자들의 정진을 독려했다.

반듯하고 소탈했던
적명 스님

생전에 적명 스님은 혜암 스님과의 인연에 대해 직접 말한 적이 있다.

"나는 1966년 하안거를 범어사 선원에서 보내고 동안거에 해인사로 갔습니다. 그때 성철 큰스님이 해인사 백련암에 막 와 계셨습니다. 해인사 선원에 가서 방부를 들어놓고 있는데 같이 있던 학산 노장님이 혜암 스님에 대해 이야기해주었습니다. 그때 혜암 스님은 중봉암에 계셨는데 '토굴에서 일종식一種食과 장좌불와長坐不臥를 하며 용맹정진 중인 스님'이라고 말씀하셔서 스님에 대한 관심을 갖기 시작했습니다.

한참 세월이 지나 순천 송광사 선원에서 혜암 스님과 같이 정진했습니다. 그때는 워낙 먹을 것이 없을 때라 종무소에 특식을 청하면 찰밥과 국수 중에 선택을 해야 했습니다. 종무소에서는 선방 대중들이 원하는 음식을 특식으로 내놓곤 했지요.

한 번은 대중들이 혜암 스님께 선방 내 자체 특식을 청했어요. '무엇을 원하느냐?'고 말씀하시기에 '빵을 먹고 싶습니다.'고 했지요. 그랬더니 스님께서 직접 시장에 나가셔서 당시로서는 먹기 힘들었던 고급 식빵을 한아름 사 오셨던 기억도 납니다. 스님께서는 정진하실 때는 무섭게 대중들을 다그쳤지만 또 대중들이 원하고 필요로 하는 것은 언제나 자상하게 해결해 주셨습니다.

그리고 1980년대 들어서서 선원의 수좌스님들과 힘을 모아 10·27 법난을 수습하고 동화사, 김용사 선방 등을 거쳐 해인사로 갔습니다. 1982년이었습니다. 좀 쉴 생각으로 해인사에 갔어요. 마침 해인사에 가니 범어사 노장 지효 노스님이 방을 비워주셨습니다. 지효 노스님께서는 범어사에서 결사를 할 계획이라며 저에게도 범어사로 오라고 하셨습니다. 잔뜩 기대를 하고 범어사로 가봤지만 제대로 준비가 안 된 것 같아서 다시 해인사로 왔습니다.

며칠 후 안거가 시작되려던 찰나에 선방 대중들이 찾아왔습니다. 저에게 선원장禪院長 소임을 맡으라고 합니다. 저는 처음에는 완강히 거절했습니다. 그래도 다시 대중들이 찾아왔어요. 나

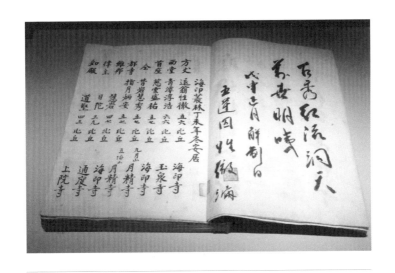

1967년 해인총림 첫 동안거 방함록

중에 알고 보니 이미 성철 큰스님과 혜암 큰스님께서 결정을 하셨습니다. 마지막에는 혜암 큰스님께서 직접 오셨습니다. 어른들의 말씀과 대중들의 청에 따라 해인사 선원장을 맡은 거지요. 그때 혜암 스님께서 선방의 어른으로 계셨고 워낙 철저하게 사셨기 때문에 큰스님을 믿고 저는 수행만 열심히 했습니다."

적명 스님이 원각 스님을 만난 시기도 이때다. 두 스님은 해인총림이 만들어진 직후 첫 안거인 1967년 동안거를 해인사 선원에서 같이 보냈다. 적명 스님은 퇴설당에서, 원각 스님은 선열당에서 정진했다.

"그 때 적명 스님을 처음 만났습니다. 적명 스님이 오니까 대중들이 다 좋아했습니다. 정진 잘 하는 수좌로 이미 제방에 소문이 났었거든요. 적명 스님의 첫인상은 '반듯하다'였습니다. 말이 분명하고 조리가 있었습니다. 오전 정진 뒤 점심공양 후에는 대중 모두 큰방에 모여서 차담을 했습니다. 방장스님 이하 수좌, 유나, 율주스님까지 다 같이 오셔서 좋은 말씀을 많이 해주셨던 기억이 납니다. 그때는 분유를 타서 한잔씩 먹었습니다. 가끔 현안이 있으면 대중공사도 했어요. 그때 적명 스님이 발언하는 것을 들어보면 논리가 분명했습니다. 어른스님들 앞에서도 주눅 들지 않고 얘기를 잘 했습니다. 참 똑똑한 선배라는 느낌을 받았어요. 방선 시간 틈틈이 만나 대화를 나눠보면 항상 소탈한 모습으로 친절하게 얘기를 들어줬습니다."

원각 스님은 당시 해인사 선방의 분위기도 함께 전했다.

"예전 해인사에는 선방이 3개였습니다. 조사전은 용맹정진, 퇴설당은 가행정진, 선열당은 일반 정진실이었습니다. 성철 큰스님께서 조사전부터 경책을 하시면 큰소리가 들립니다. 죽비로 사정없이 경책을 하실 때였으니까요. 큰스님께서는 대중들이 제대로 정진을 안 하면 '밥 도둑놈들이 잠만 잔다.'고 호되게 나무라셨습니다. 그러면 퇴설당과 선열당의 대중들은 더 긴장해서 자세를 다잡곤 했습니다.

甲寅年冬安居結制 記念
74음 10. 15.

1974년 통도사 극락암 호국선원 동안거 결제 기념
앞줄 가운데 경봉 스님, 뒷줄 왼쪽 원 안이 적명 스님, 오른쪽 원 안이 원각 스님 당시는 대중이 많아 방사가 부족했습니다. 노장님들도 큰방에서 같이 생활했습니다. 머리를 맞대고 자야 했지요. 그런데 자다가 눈을 뜨면 이미 대중의 3분의 1은 앉아서 정진을 하고 있어요. 깜짝 놀라 자리에서 얼른 일어나 같이 정진했던 기억이 납니다. 힘이 들어도 그때는 정진 분위기도 좋고 대중들이 화합해서 잘 지냈습니다."

해인사에서의 정진 이후 원각 스님이 적명 스님을 다시 만난 곳은 통도사 극락암 호국선원이다. 1974년 동안거였다.

"경봉 스님을 모시고 정진하려는 수좌스님들이 그 철에 70~80명 가량 모였습니다. 정말 공부 열심히 하는 수좌들이 전국에서 다 왔습니다. 그때 스님들 눈빛을 보면 반짝반짝 빛이 났어요. 큰방에 대중들을 다 수용하지 못해 저는 극락암 아래 토굴 아란야에서 정진했습니다. 재미있었던 것은 극락암 선방이 총림이 아님에도 유나維那 직책이 있었다는 것입니다. 대중이 워낙 많으니 총림급 지도체제가 필요했던 것입니다. 대중들이 유나로 적명 스님을 추대했습니다. 나이 40도 안 돼 유나로 인정받을 만큼 적명 스님은 정진을 잘 했습니다. 경봉 노스님께서도 적명 스님을 많이 아끼셨던 기억이 납니다."

수행과 실천은 하나

적명 스님은 그렇게 해인사에서도 통도사에서도 대중들에게 인정받는 수좌였다. 이후로도 원각 스님은 적명 스님의 정진 소식을 접하고 있었다.

"통도사 극락암 정진 이후 1970년대 말에 지리산 상무주암에서 적명 스님을 다시 만났어요. 도반스님과 안거를 보내고 상무주암에서 내려가려 하는데 적명 스님이 오셨어요. 다음 철에 살려고 상무주암을 살피러 왔다고 하셨습니다. 반갑게 인사를 나누고 함께 절에서 내려왔어요. 두 시간 정도 걸으며 이런 저런 이야기를 나눴습니다.

적명 스님은 '우리 수행자가 깨닫는 것도 중요하지만 먼저 수행자다워야 한다. 남이 인정할 수 있고 남이 존경할 수 있고 남에게 감동을 줄 수 있는 수행자가 되어야 한다.'고 말씀하셨어요. 스님의 이런 '수행자론'은 평생 변함이 없으셨습니다."

원각 스님은 수행과 실천이 같아야 한다고 강조했던 적명 스님의 면모를 떠올렸다.

"평소 적명 스님의 주장은 수행자가 수행 따로 행 따로여서는 곤란하다는 것이었습니다. 그런 확신을 가졌기에 종단에 일이 있을 때면 서울로 가는 것을 주저하지 않았던 것입니다. 수좌들이 나설 일이 아니라며 반대하는 사람도 많았지만 적명 스

통도사 극락암 명정 스님 49재. (좌로부터) 원산, 덕민, 무비, 원명, 성파, 적명, 원각,
동주, 혜남, 정광, 관행 스님, 2019년 5월 11일

님은 소신을 굽히지 않고 실천했습니다."

더불어 적명 스님은 후배들과의 토론도 마다하지 않았다. 수행과 사회 현안 등 토론의 주제는 광범위했다. 긴 시간의 토론이 힘들어 후배들이 하나 둘 자리를 빠져나가도 적명 스님의 눈빛은 반짝였고 지칠 줄 모르는 분이었다고 원각 스님은 전했다.

평소 적명 스님은 당신 수행 견해를 잘 드러내려고 하지 않았다. 어느 정도 공부가 익으면 으레 후배들에게 이렇게 저렇게 공부해야 한다고 할 수도 있는데 적명 스님은 수행이라는 대목에서는 완벽주의에 가깝게 철저하고 정직했다.

"적명 스님은 간화선을 하면서 항시 남아 있는 숙제 중 하나가 돈오돈수냐 돈오점수냐 하는 문제였습니다. 스님은 예전 선사 스님들이 남기고 가신 문헌들을 어떻게 봐야 당신 공부뿐 아니라 후학들 공부에 도움이 되는 말을 해줄 수 있을까를 평생 고민하고 살았습니다. 잘 알려져 있듯 적명 스님은 돈오점수로 수행관을 정립하셨고 당신이 존경했던 성철 스님이나 서옹 스님 같은 분들은 돈오돈수를 말씀하셨지요. 많은 실참과 고민 끝에 돈오점수를 본인의 수행관으로 삼았다고 들었습니다."

이어서 원각 스님은 적명 스님의 수행과 포교에 대한 전방위적인 노력을 떠올렸다.

"적명 스님은 단순한 수좌가 아닙니다. 봉암사의 어른이고 수좌들의 어른이고 종단의 어른이었습니다. 스님은 누구에게나 스스럼 없이 이야기하는 분입니다. 꾸밈이 없고 안팎이 없는 거지요. 그렇다보니 얼핏 부드러운 분으로만 생각할 수 있는데 수행 면에 있어서나 일상 생활에서 내면에 단단한 쇳덩어리처럼 분명한 당신만의 세계가 있습니다. 봉암사로 오시면서 대중들에게 법문도 하셨는데 근자에 중도법문中道法問을 많이 했습니다. '중도는 사랑'이라는 참으로 멋진 표현을 하셨지요. 나를 사랑하는 만큼 너도 사랑하니 중도는 사랑이라는 것이죠. 동체대비同體大悲를 중도와 사랑으로 표현한 것인데 상당히 적절한 비유라고 생각합니다."

원각 스님은 평소 적명 스님과 종단 대소사 뿐만 아니라 여러 가지 논의를 하곤 했다.

"스님은 제가 의견이 필요할 때 언제든 상의할 수 있는 선지식이었습니다. 올해는 혜암 스님 탄신 100주년이 되는 해라 문도회에서 법어집 발간과 함께 학술세미나, 탄신기념법회, 유품전시회 등을 계획하고 있습니다. 지난 2019년 동안거가 시작될 무렵 적명 스님께 전화 드려 은사스님 추모다큐 출연을 청했더니 약속해주셨어요. 통화 중에 스님이 '상좌를 잘 둬야 은사가 빛이 나는 법이지.'라고 웃으며 말씀하셨는데 그만 반결제 즈음에 홀연이 떠나셨습니다."

원각 스님이 적명 스님에 대해 마무리 말씀을 들려주었다.

"적명 스님은 한국의 대표 선승이셨습니다. 행行으로 모든 것을 보여주었고 후학 지도에도 힘을 다한 진정한 선지식입니다. 어떤 자리에서도 수좌들의 리더가 되어 주었던 적명 스님 같은 분이 앞으로 다시 나올지 모르겠습니다. 힘든 시기에 한국 불교를 이끌었고 수좌들에게 의지처가 되었던 적명 스님의 빈자리가 더 크게 느껴지는 요즘입니다."

수좌 기질을 타고난 수행자

무여 스님

봉화 축서사
문수선원 선원장

봄은 향기롭다. 흔들리는 꽃과 나무에서 만 가지의 향이 전해진
다. 그렇다고 자연의 향만 있는 것이 아니다. 법향法香에 취하는
것도 좋다. 오월 부처님오신날을 앞두고 법향의 세계에 흠뻑 젖
어보기 위해 길을 나섰다.

전날까지 오락가락하던 비가 봉화 축서사에 도착하자마자
거짓말처럼 그쳤다. 축서사鷲棲寺. 독수리가 머무는 절이다. 불
교에서 독수리는 지혜를 뜻하며 지혜는 문수보살의 다른 표현
이다. 축서사가 편안하게 들어앉은 산 역시 문수산이다.

축서사는 무여 스님이 출재가들의 공부를 지도하는 참선도
량이다. 스님이 축서사에 처음 온 것은 1987년. 전각이라고는
현재 남아 있는 보광전 외에 가건물 2~3채에 불과했던 축서사
가 지금은 알찬 수행 프로그램을 진행하는 공부도량으로 반듯
하게 자리매김했다.

무여 스님과 축서사의 인연이 궁금해 말씀을 들었다.

"여기 오기 전까지는 출가 이후 줄곧 선방에만 다녔습니다. 다니다 보니 제 자신을 정리할 필요가 있겠다는 생각을 하게 됐어요. 스님이라면 상구보리上求菩提도 좋지만 하화중생下化衆生도 중요하다는 생각도 했습니다. 마침 고우 스님이 축서사를 소개해 줘 왔습니다. 처음에는 2년쯤 공부하다 갈 생각이었는데 신도들이 같이 살고 싶다며 붙잡더군요. 그렇잖아도 축서사가 수행하기 좋은 남다른 기운을 갖고 있다고 느꼈기에 이왕 살 거면 후학들이 정진할 수 있는 도량으로 여건을 갖추어야겠다는 마음을 일으켰지요. 그러다보니 30년이 훌쩍 지나버렸습니다."

도량 정비 관계로 잠시 운영을 멈추었다가 이번 겨울 다시 개원하는 축서사 문수선원의 가풍은 남다르다. 문수선원에 입방한 스님들은 매철 하루 15시간씩 5개월 정진을 한다. 무여 스님은 집중수행을 권장하는 이유를 설명했다.

"제 경험상 안거 후 해제 기간이 다소 길다고 여겨졌습니다. 산철에는 결제 때처럼 공부하기가 쉽지 않아요. 공부는 끊임없이 쉬지 않고 꾸준하게 해야 향상이 있습니다. 가급적이면 화두가 도망가지 않아야 하고 아침에 눈 떠 밤에 눈 감을 때까지 화두가 들려 있어야 공부를 잘하는 거라 할 수 있습니다. 그러다보니 결국 해제기간을 줄이고 결제기간을 늘리게 됐습니다."

축서사는 재가자를 대상으로 매월 셋째 토요일 철야참선법회를 진행하고 있다. 10년 이상 이어져온 보현선원 철야법회에는 150여 명의 재가자들이 참여한다. 저녁 8시부터 한시간 동안 무여 스님의 선법문을 들은 재가자들은 다음날 새벽 3시까지 정진을 한 뒤 다시 아침에 무여 스님과 마주 앉아 문답을 나눈다. 정진 도중 가졌던 의문이 풀리는 시간이다. 주말 철야참선이 끝나면 곧바로 일주일간의 가행정진 프로그램이 이어진다. 동안거, 하안거 결제 기간에는 참선법회에서 공부한 불자들 가운데 40여 명이 일체 외출을 삼가하고 용맹정진 하듯 21일간 수행하고 있다.

무여 스님은 공부에 있어서는 출재가가 따로 없다고 일렀다.

"재가자 공부도 마찬가지입니다. 화두가 끊어지지 않기 위해 어쨌든 쉬는 시간이 적어야 합니다. 꾸준하게 애쓰고 노력하면 안목과 지혜가 생기지요. 우선은 진심으로 발심해야 합니다. 발심하지 못하면 이 공부를 못합니다. 옛 어른들도 입버릇처럼 말씀하셨습니다. '발심 있는 곳에 화두 있고 화두 있는 곳에 발심 있다'고 하잖아요. 또 절실해야 합니다. 해도 되고 안 해도 되는 것이 아니라 선 공부는 반드시 꼭 해야 하는 것이라는 절실함이 있어야 합니다. 목마른 사람이 사막에서 물을 찾듯이, 또 어린아이가 어머니의 품을 그리워하듯이 그렇게 간절하게 해야 합니다. 요즘 돈돈 하는데 돈 자체는 큰 괴로움입니다. 선禪과 잘 섞여야 돈이 행복으로 변해요. 인생의 진정한 행복, 보람, 긍지도 참선을 해야 느낄 수 있습니다."

이사理事를 같이 한
도반

본격적으로 무여 스님과 적명 스님의 인연을 여쭈었다.

"적명 스님을 처음 만난 곳은 송광사 선방입니다. 아마 그때가 1975년경일 것입니다. 가서 보니 구산 큰스님을 모시고 혜암 스님이 중심을 잡고 계셨고 30대부터 40대, 50대까지 정진잘한다는 분들이 많이 와 있었습니다. 저도 '이번 철에 공부 좀 잘 해보자'라는 큰맘을 먹었어요. 여기서 공부가 향상되지 않으면 절대 움직이지 않겠다, 화두가 들리지 않으면 밥 먹으러도 가지 않고 화장실에도 안 가겠다고 단단히 다짐하며 결제에 들어갔습니다. 정진 잘하는 대중들과 같이 있으니 출발은 순조로웠습니다. 화두가 크게 성성하지는 않았어도 순일한 정도는 됐어요. 공부에 집중한다고 제 시선도 3m 밖을 향하지 않았어요.

결제 며칠이 지나서 좌복에 앉은 순서를 보니 혜암 큰스님이 중앙에 앉으시고 그 왼쪽으로 휴암 스님이 입승으로 죽비를 쳤고 그 옆에 제가 앉았습니다. 적명 스님은 혜암 큰스님 오른쪽에 바로 앉았는데 저는 이 사실을 결제 두 달 후에야 알았습니다. 공부에 흉내를 내다보니 누가 결제를 했는지 사실 관심 밖이었어요.

어느날 수선사에서 삼일암 방장실 쪽으로 포행 가는데 누군가가 뒤에서 무슨 얘기를 합디다. 그 말소리도 잘 들리지 않았습니다. 다시 나오는데 적명 스님이 얼핏 보였어요. 아마 스님이 저한테 무슨 얘기를 했나 봅니다. 그래도 말을 섞지 않고 화두 챙기는 데만 집중했어요. 송광사 선원에서는 그렇게 같이 한 철을 살았습니다."

무여 스님은 송광사에 오기 전부터 적명 스님에 대한 얘기를 들었다고 한다.

"적명 스님이 정진 잘 한다는 얘기는 들었습니다. 스님도 그렇고 저도 정진할 때 말을 많이 하는 사람이 아니라 한 철이 그렇게 지나가버렸나 봅니다."

3년 결사로 시작했지만 한 철이 지나자 대부분의 스님들은 송광사를 빠져나갔다. 무여 스님은 몇몇 수좌들과 함께 송광사에 남았지만 결사는 이미 마무리 된 상태였다. 공부를 더 알차게 하기 위해서는 보행步行 정진이 좋을 것 같아 스님은 어느 날 문득 송광사를 나왔다. 광주를 지나 대전을 향해 걷고 또 걸었다. 정신은 순일하고 여여했다. 속리산 법주사, 홍천 수타사, 영월 보덕암을 거쳐 거의 두 달 만에 오대산에 도착했다. 스님은 결국 오대산으로 들어가 정진을 이어갔다.

"그때 저는 행선行禪의 묘미를 터득했습니다. 간화선 수행자는 화두에 진정한 의정이 일어나면 좌선坐禪보다 동선動禪을 익혀서 득력을 해야 성취가 빠르다는 것을 알아야 합니다. 중국의 소위 4대 법난 때 제 종파가 일제히 소멸하다시피 했지만 유독 선종만은 살아남았습니다. 그것은 일하면서 수행하고 수행하면서 일을 했기 때문입니다. 불교의 미래를 걱정하는 분들은 명심해야 할 대목입니다."

무여 스님이 적명 스님을 다시 만난 곳은 뜻밖에도 조계종 총무원이었다. 1980년 10·27 법난을 수습하기 위해 조직된 정화중흥회의에 두 스님이 합류한 것이다.

"전두환 신군부가 전국 사찰과 스님들을 탄압, 연행하면서 사상 초유의 법난이 일어났습니다. 많은 스님들이 고초를 겪었고 종단도 큰 피해를 입었지요. 그때 법난을 수습하고 종단을 안정화시키기 위해 만들어진 것이 정화중흥회의입니다. 정화중흥회의는 한국불교의 보루라고 할 수 있는 수좌계의 젊은 인재들이 참여해야 한다는 종단 안팎의 요청에 따라 구성됐습니다."

정화중흥회의는 계엄군이 전국의 사찰을 침탈한 10월 30일의 5일 뒤인 11월 5일 출범해 조계종 제6대 중앙종회 개원 하

조계총림 송광사 선원 수선사
수선사 현판과 주련 글씨는 경봉 스님이 썼다

루 전인 1981년 1월 18일까지 활동했다.

11월 5일 첫 회의에서는 중흥회의 의장에 영암 스님이, 부의장에 대휘, 혜암 스님이, 상임위원장에는 탄성 스님이 추대됐다. 종무행정을 담당할 집행부로는 총무부장 고우, 교무부장 성타, 재무부장 휴암, 사회부장 성파, 사무총장 법흥, 사서실장 활성 스님이 소임을 맡았다. 종단의 발전 방향을 제시할 기획위원회에는 위원장 운학 스님을 비롯해 적명, 무비, 무여, 법혜, 법융, 광덕 스님이 합류했다. 정화 업무를 맡을 정화위원회에는 위원장 자운 스님과 지관, 정일, 벽파, 석주, 종수, 일타, 보성, 초우, 지유, 도원 스님 등이 함께 했다.

"상임위원장 탄성 스님을 비롯해 사실상 중흥회의의 핵심이 수좌들로 꾸려진 셈입니다. 법난이 발생할 당시 고우, 지환, 활성, 적명, 휴암 스님 등은 문경 봉암사에서 정진 중이었어요. 법난 소식을 들은 봉암사 대중은 사태의 심각성을 파악하기 위해 고우, 지환, 활성 스님을 서울로 올려 보냈습니다. 그렇게 해서 수좌들이 중흥회의에 참여하게 됐고 저 역시 적명 스님 등과 몇 달을 같이 활동했습니다.

저를 비롯한 기획위원들은 앞으로 종단을 어떻게 꾸려나가야 할지를 연구하고 기획하는 업무를 했습니다. 오전에는 연구를 하고 오후에는 전체가 모여 회의를 했어요. 두 달이 넘는 시간 동안 매일의 일상이 그랬습니다. 그렇게 두 달여를 같이 살게 되면서 적명 스님에 대해서 많이 알게 됐습니다.

적명 스님은 그때까지 한번도 공식 기구에 나온 적이 없었는데 정권이 저질러 놓은 사건으로 피멍이 든 불교계의 현실이 마음 아파 조금이라도 도움이 되고자 참여했다고 했습니다. 적명 스님은 주어진 일을 엄청 열심히 하는 스타일입니다. 무슨 일이든 하게 되면 잘해야 한다는 강박관념 같은 것이 있었어요. 회의를 할 때 보면 안건 하나하나 그냥 넘어가지 않고 자세히 따지고 살폈습니다. 아주 꼼꼼했습니다. 기본적인 마인드가 그랬어요. 정화중흥회의에 주어진 시간적 여유가 없었기 때문에 다른 스님들은 일을 빠르게 진행하자고 했는데 적명 스님은 그럼에도 불구하고 철저하게 처리해야 한다고 주장했습니다. 결국 정화중흥회의에서 연구하고 준비한 사업들을 다 마무리하지는 못했지만 종헌종법을 만들고 성수 스님을 총무원장으로 선출한 다음 남은 일은 총무원 집행부에 넘기는 것으로 하고 모임을 정리했습니다.”

정면 돌파하는 추진력과
강골 기질

무여 스님과 적명 스님은 1982년 동안거 때도 해인사에서 같이 정진했다. 무여 스님은 퇴설당 입승, 적명 스님은 선원장이자 선열당 입승 소임을 맡았다. 맨 위 조사전까지 하면 60~70명에 이르는 대중들이 함께 정진한 것이다.

무여 스님이 당시 선방 분위기를 들려 주었다.

"성철 큰스님께서 가끔 경책하러 내려오시면 대중들이 바짝 긴장을 합니다. 누군가 '오신다! 오신다!'는 신호를 주면 모두 자세를 바로 잡습니다. 그래도 큰스님은 여지가 없었습니다. 경책할 때 보면 마치 콩이 튀듯이 죽비가 춤을 췄습니다."

이곳에서도 두 스님은 한동안 서로의 존재를 몰랐다. 무여 스님은 "선열당 입승이 적명 스님이라는 것을 반결제 쯤에야 알았습니다. 다른 선원 같으면 두 입승이 만나서 차담도 나누고 했을 것 같은데 우리 둘 다 그런 걸 염두에 두는 성격이 아니다 보니 소통이 없었지요."라며 웃었다.

해인사 정진 이후 두 스님은 각자의 수행처에서 공부를 이어 갔다. 그리고 때때로 반가운 안부를 나눴다. 어느덧 수좌계의 중진이 되다보니 선원 안팎의 현안이 있을 때 의기투합 했으나 경우에 따라 각론까지 의견을 같이 하지는 못했다.

"적명 스님은 강골 기질에 직선적인 성격입니다. 정면돌파형 이죠. 저는 신중형입니다. 주변의 상황을 면밀하게 살펴보고 움직여야 한다는 생각입니다. 몇 년 전에 있었던 총무원장 선거 때는 의견이 좀 달랐어요. 원로 수좌들의 의견과는 좀 다르게

해인총림 임술년 동안거 납월 8일 용맹정진기념

1982년 해인사 선원 동안거 납월 8일 용맹정진 기념
(앞 줄 좌로부터) 보광, 고봉, 무여, 구암, 명진, 혜암, 적명, 성본, 정도, 현고 스님
(뒷 줄 우로부터) 종열, 원융 스님

2000년대 초 각화사 서암
(뒷줄 왼쪽부터) 철산, 법련, 종경, 함주, 청현 스님, 고창기 거사, 설정, 고우, 적명,
무여, 시몽 스님, 황두기 거사 (앞줄 오른쪽부터) 연관, 무비 스님

적명 스님이 치고 나가는 모습을 보였습니다. 방법의 차이라 할 수 있는데 결과적으로 강고한 현실의 벽을 뚫지 못하고 실망하신 모습을 보고 안타까웠습니다. 하지만 적명 스님의 이런 추진력 있는 성격이 오늘날의 봉암사를 만든 측면도 있습니다. 나이 80이 되어서도 그 많은 대중들을 잘 살폈습니다. 어떤 때는 서당, 성적당, 남훈루까지 3개 선원을 다 열기도 했습니다. 거기에 더해 원로선원까지 개원했습니다. 적명 스님이 아니었으면 그 누구도 못했을 일입니다. 최근에는 세계명상마을 불사까지 챙겼습니다. 대단한 추진력이 아닐 수 없습니다."

무여 스님은 봉암사에 있던 상좌스님으로부터 뜻밖의 적명 스님 입적 소식을 들었다.

"그렇게 가실 분이 아닙니다. 처음 소식을 들었을 때는 믿기지 않았어요. 향후 봉암사에 대한 계획도 많았던 스님이 좀 더 머무셨으면 참 좋았을 것입니다. 뭐니뭐니 해도 적명 스님은 참선수행을 잘 하려고 애쓴 전형적인 수좌입니다. 스님의 기질과 성격 자체가 수좌에 딱 맞았어요. 참 섭섭하게 가버렸습니다."

스님 덕분에 행복했습니다

혜국 스님

충주 석종사
금봉선원 선원장

하얀 사과꽃이 만개한 길을 지나 입장하는 봄날의 석종사는 과실 풍성한 가을과 또다른 멋이 있다. 경내로 들어서면 연산홍과 진달래, 철쭉 등 형형색색의 꽃들이 장엄하다. 대웅전으로 향하는 길 아래쪽 보월당(재가선원)과 선림원(템플스테이)을 지나 종무소와 요사채, 금봉선원과 대웅전까지 이어지는 20여 전각들이 꽃들과 하나 되어 화엄세계를 이루고 있다.

대웅전 부처님께 인사를 드리고 스님이 주석하고 있는 처소로 갔다. 방에 '祖宗六葉(조종육엽)'이라는 글씨가 중심에 자리하고 있다. 부처님의 가르침이 달마에서 혜능까지 선불교의 6대 조사에게로 이어졌다는 글에서 선불교의 정체성을 확인한다.

혜국 스님은 예의 천진불 미소로 반갑게 맞아주었다. 석종사는 총림叢林도 아니고 고찰도 아니지만 남다른 수행기운을 내뿜는다. 혜국 스님에게 가르침을 받고자 하는 대중들로 1년 내내 방사가 채워지고 절 전체가 오직 수행을 위해 움직인다. 안거 때마다 스님 30여 명, 재가불자 100여 명이 방부를 들이고 외호대중까지 150명 이상이 함께 정진한다고 하니 선지식이 머무는 곳에 대중이 몰려드는 것은 당연하다 하겠다.

출가 전부터 시작된 인연

제주 태생인 혜국 스님은 어린 시절 일타 스님을 스승으로 모시고 출가했다.

"은사스님은 모든 사람을 똑같이 따뜻하게 대하셨습니다. 사월의 봄바람 같은 분이셨지요. 혹여나 당신의 말씀으로 누가 조금이라도 마음에 상처를 입을까 걱정하셨어요. 정말 세심하다고 할 정도였습니다. 은사스님께서는 제가 선방에서 정진하다 해제하고 인사 드리러 가면 항상 당신 방에 제 이불까지 펴놓고 같이 자자고 하실 정도로 마음이 따뜻하셨습니다. 그렇다고 당신 수행에 소홀히 한 것도 아닙니다. 큰스님은 위법망구爲法忘軀의 일념으로 연지공양燃指供養을 하셨어요. 오른손 엄지손가락만 남기고 나머지 네 손가락을 불태워 깨달음에 대한 의지를 다지셨습니다."

혜국 스님은 일타 스님 외에도 성철 스님, 경봉 스님, 구산 스님 등 당대의 여러 어른들을 모시고 공부했다.

"성철 큰스님은 후학들에게 조금의 틈도 허락하지 않으셨어요. 선원 대중들은 발소리만 듣고도 성철 스님 오시는 줄 알고 자세를 바로 잡았지요. 구산 큰스님도 아주 호되게 경책을 하시는 편이었습니다. 뉴질랜드 출신의 한 상좌가 '코끼리 잡듯이 때린다.'고 푸념할 정도였으니까요. 반면 경봉 큰스님은 자비로운 할아버지의 모습으로 '참선 잘 하고 있지? 자면 안 돼!'라고 대중들을 독려하셨습니다. 어른들이 쓰신 방법은 달랐지만 대중을 아끼는 마음은 다 똑같았습니다."

스님은 요즘 선방 분위기가 예전 같지는 않지만 여전히 선배와 후배 간의 탁마가 정진에 크게 도움 된다고 강조했다.

"아마 어른스님들이 계시지 않았다면 오늘날의 저는 없었을 것입니다. 어른들께서 제게 보여주신 한량없는 은혜를 이제 후배들에게 잘 전해주는 일만 남았다고 생각하며 석종사 선원을 이끌고 있습니다."

혜국 스님은 출가 전에 적명 스님을 만났다. 제주도 동향 후배이자 고등학교 후배인 인연이 컸다.

"적명 스님께서 출가하고 난 뒤 잠시 제주시 월정사에 머문 적이 있었습니다. 월정사는 적명 스님의 할아버지인 김석윤 스

구참 스님들이 주로 정진하던 해인사 퇴설당

님이 1934년에 창건한 사찰이기도 합니다. 적명 스님 출가 직후였으니 1960년 정도 될 것입니다. 어린 저는 그때 스님들만 만나면 호기심이 발동해 이것저것 여쭈었습니다. 적명 스님에게도 예외가 아니었습니다. '스님! 스님은 뭐하는 사람이에요?'라고 여쭈니 적명 스님은 '스님은 부처님의 길을 배우고 부처님의 길을 행하는 사람이다.'고 답했던 기억이 납니다. 그때 적명 스님은 아주 독야청청獨也靑靑 한 그런 모습이었습니다. 어린 눈에도 아주 당당하고 멋진 모습이었습니다."

이후 혜국 스님 역시 출가해 선방에 다니면서 다시 적명 스님을 만났다.

"제가 인천 용화사에서 공부하고 해인사 선원으로 갔던 때가 1970년대 초반입니다. 지금 방장실로 쓰이고 있는 퇴설당이 그때는 선방이었어요. 당시 퇴설당은 무문관처럼 운영되고 있었습니다. 혜암 큰스님을 비롯한 구참스님들이 정진하고 있었는데 거기 막내가 적명 스님이었습니다. 무문관은 얼마 지나지 않아 방을 터서 대중선방이 되었지요. 저를 비롯한 일반 대중들은 선열당에서 정진했는데 그때 오가며 적명 스님을 다시 봤습니다. 정진에 집중할 때라 그리 대화를 하지 못했습니다. 그렇게 해인사에 들어가서 저는 2~3년 정도 있었고 적명 스님은 그 철을 살고 다른 선방으로 갔습니다."

저절로 이루어진
묵언 수행

혜국 스님이 다시 적명 스님을 만난 곳은 순천 송광사다. 1975년 동안거 때 송광사 3년 결사에 합류한 것이다.

"혜암 큰스님을 비롯해 휴암, 적명, 무여, 현기, 성우, 정광 스님 등 쟁쟁한 수좌들이 모였습니다. 혜암 큰스님께서 입승을 하시고 적명 스님은 지객을 맡았습니다. 사실 적명 스님보다 후배가 지객을 맡아야 하는데 정진 분위기를 만든다고 적명 스님이 그 소임을 자청했습니다. 그때부터 보면 적명 스님은 대중정진을 위한 일에는 무엇이든 가리지 않고 몸을 아끼지 않았습니다.

그때 재미있는 일들이 많이 있었습니다. 혜암 큰스님께서는 당신이 송광사에 처음 방부를 들였다고 하셨습니다. 공부 열심히 하는 수좌들이 모였다며 당신께서 무언가를 해주고 싶다 하셨어요. 그래서 대중들이 식빵을 특식으로 먹고 싶다고 말씀드렸지요. 그때는 식빵 한 번 마음껏 먹지 못할 만큼 가난하게 살았던 때였으니까요. 대중들의 요청에 큰스님께서 직접 시내에 나가셔서 식빵을 두 자루 가득 사오셨습니다. 너무 맛있다보니 식빵이 3일 만에 감쪽같이 사라졌어요. 지금 생각해도 너무 맛있었어요. 하하. 대중들이 더 먹고 싶다 해서 대표로 적명 스님이 혜암 큰스님께 보고를 했습니다. '아직 많이 남았을 것인데?' '다 먹었습니다.' '벌써?' '네. 대중들이 더 먹고 싶다 합니다.' '그러면 나는 더 못 사주네! 여러분들은 공부에 신경을 더 써야지. 하하.'"

여러 해가 흐르고 어느 날 적명 스님에게서 연락이 왔다. 적명 스님은 혜국 스님에게 무여 스님, 연수 스님과 함께 봉암사에서 같이 정진하자고 제안했다. "스님들이 들어오면 정진 분위기가 잡히니 무여 스님, 연수 스님을 설득해보라."고 적명 스님이 요청했지만 스님들은 이미 다른 선원에 방부를 들인 상태였다. 미안한 마음에 혜국 스님은 다음 철에 봉암사로 갔다. 바랑을 풀어놓고 보니 무여 스님도 와 있었다.

"정진 잘 하는 스님들과 함께 봉암사에서 한 철 잘 살았습니다. 저도 그렇고 무여 스님도 그렇고 봉암사에 살 때는 거의 묵언을 했어요. 산행을 할 때도 혼자서 땅만 보고 걸었습니다. 맞은편에서 누가 와도 모를 정도였습니다. 적명 스님도 묵언하는 스님들에게는 말도 안 걸었어요. 각자의 수행을 존중해줬습니다. 그 당시 선원 가풍은 말없이 오직 화두 참구에 최선을 다하는 분위기였습니다. 좋은 도반이 모였다는 것은 말이 없어도 수행하는 자세 하나로 그냥 말이 통하고 경책이 되던 때라고 생각됩니다. 그래서 적명 스님이나 무여 스님 같은 분들을 떠올려보면 애써 수행하는 모습은 많이 봤는데 정작 주고받은 말은 기억나는 것이 별로 없습니다."

스님은 봉암사에서 정진을 마치고 얼마 지나지 않아 비로토굴에 가서 적명 스님을 만났다. 비로토굴은 적명 스님이 반연의 도움으로 통도사 인근 천성산에 손수 지은 작은 토굴이다. 혜국 스님은 향곡 스님이 득력한 수행처인 금봉암에 들렀다가 비로토굴에 오른 것이다.

산길을 따라 토굴에 들어서자 밀짚모자를 쓰고 마당에서 포행 중이던 적명 스님을 만났다.

"스님이 여기까지 무슨 일이요?"

"스님 뵙고 싶어 왔지요."

"그건 그냥 하는 말이고 천성산 타러 온 것 같네. 하하."

그러나 '산 타러 온 것 같다'는 적명 스님의 농 섞인 반가움도 뒤로 하고 혜국 스님은 곧장 산을 내려 왔다.

"오랜 기간 한 길로만 포행을 해서인지 마당에 반질반질하게 일자 모양이 새겨진 걸 보니 적명 스님을 귀찮게 해서는 안 되겠다 싶어 바로 내려왔습니다. 좌복에 앉아 참선하다가 잠이 오면 그놈의 잠 이겨내 보려고 밤이나 낮이나 마당으로 나와서 계속 걸었을 것입니다. 마당 이쪽에서 저쪽 끝까지 오직 화두 하나 부여잡고 왔다 갔다를 계속 하다보면 반질반질한 길이 나게 됩니다. 토굴에 가서 그런 모습을 보면 말없는 경책이 되고 탁마가 되거든요. 천 마디 만 마디 말보다 더한 감동이 옵니다. 왜냐면 그 길은 고독한 수행자가 눈물 꽤나 흘린 길이니까요.

적명 스님은 10여 년을 비로토굴에서 정진했습니다. 토굴살이는 아무나 못합니다. 외로움과 싸워야 하는 것은 물론이고 스스로의 수행을 위해서는 잠시도 마음을 놓으면 안 됩니다. 스님은 한결같은 자세로 토굴에서 정진했습니다. 대중선방에 있을 때보다 더 엄격하고 철저하게 수행했어요. 그 어려운 토굴수행을 고집스럽게 해낸 사람이 바로 적명 스님입니다. 토굴살이 할

적명 스님은 매일 비로토굴에서 내원사 가는 길을
포행하며 이 너럭바위에서 쉬어갔다

때 외로움을 이겨내면 대자유가 되고 외로움에 빠지면 고독이
됩니다. 그래서 토굴살이 자칫 잘못하면 해태굴에 빠지게 된다
고 선사 스님들이 경책했던 겁니다.”

수좌로 살다
수좌로 가다

적명 스님이 은해사 기기암선원에서 후학을 제접할 때도 혜국 스님의 발걸음은 이어졌다.

"은해사에서 일을 마치고 전화를 했더니 마침 계셔서 기기 암에 올라갔습니다. 반가워하시던 적명 스님이 제게 물어볼 게 있다고 하세요. '내가 곧 70세가 되면 공식적으로 환계還戒하고 자유롭게 비승비속非僧非俗으로 살면 어떻겠느냐?'고 물어요. 그래서 그건 아니라고 말씀드렸지요. '스님! 지금 종단이나 선 방이 태평세월로 보이세요? 태평성대라면 몰라도 지금 같은 상 황에 스님 같은 분이 중심을 잡아주지 않으면 누가 합니까? 절 대로 안 됩니다. 절대 반대입니다.'고 답을 했어요. 그랬더니 '혜 국 스님은 도움이 안 되네.'라며 스님이 웃었습니다. 그때 아마 적명 스님은 모든 것을 내려놓고 야인으로 돌아가고 싶다는 생 각을 했나 봅니다. 그물에 걸리지 않는 바람처럼 살고 싶었겠지 요. 제 말이 틀리지 않았는지 적명 스님은 얼마 후에 봉암사 수 좌로 추대됐습니다."

두 스님은 봉암사에서도 인연을 이어갔다.

"한번은 적명 스님이 '여기 봉암사는 화장실 하나를 지으려 해도 힘들다. 혜국 스님은 어떻게 그렇게 큰 불사를 했는지 몰라.'라고 말씀하시기에 '70에 편안하게 살고 싶으시다더니 고생문이 열리셨습니다.' 하고 웃었던 기억이 납니다."

적명 스님은 스님들이 갈 때마다 손수 탄 커피를 머그컵 가득 내놓았다. 봉암사 이전 기기암에서부터 그랬다.

"왜 그렇게 프림을 많이 넣던지, 스님의 커피는 솔직히 내 입맛에는 별로였습니다. 스님은 '타는 사람 마음'이라며 주는 대로 먹으라고 했어요. 널리 알려진 '적명 스님표' 커피는 비로토굴에서 만들어졌습니다. 언젠가 스님에게 커피에 대해 물은 적이 있었는데 답이 재밌었어요.

'비로토굴에 있을 때 아침을 간단하게 먹는 법을 연구했다. 참선 시간도 축내지 않고 속도 편하게 할 것을 찾았다. 누룽지, 미숫가루 등 여러 가지 해봤는데 다 잘 안 됐다. 그러다 커피에 달걀을 타 먹으니 부담스럽지도 않고 든든하더라. 중이 무슨 달걀을 먹느냐는 생각도 했지만 입이 좋다고 하니… 하하. 낮에는 커피 하나, 설탕 둘, 크림 둘 이렇게 탁탁 풀어먹는다. 이놈의 중이 블랙을 먹을 줄 알아야지.'"

봉암사가 종립선원으로서 좀더 안정적인 체제를 갖추기 위해 수좌로 있던 적명 스님을 조실로 추대하려는 움직임이 계속되고 있었다. 그 무렵 혜국 스님 역시 적명 스님에게 이제는 조실을 맡을 것을 조언했지만 돌아온 답은 마찬가지였다.

조계종 종립선원 봉암사 태고선원과 희양산

"저 말고도 여러 스님이 이야기를 하니 적명 스님도 좀 짜증이 났나 봅니다. 하루는 '80이 되면 하겠다.'고 말씀하시기에 '아이고 스님, 80에 또 어디 가시겠다는 말씀이네요!'라고 얘기를 했는데 정말로 떠나시고 말았습니다. 스님은 투철하게 깨닫지 않는다면 조실을 할 수 없다고 늘 얘기하셨어요. 그 원칙은 아주 확고했습니다."

혜국 스님은 적명 스님의 깨달음과 수행에 대한 신념을 이렇게 전했다.

"스님은 일관되게 강사는 경經을 설하다 죽어야 하고 법사는 법문法問을 하다 죽어야 하며 수좌는 오직 좌복 위에서 화두를 들다 죽어야 한다고 했습니다. 스님은 이 생각이 골수에 있는 분이었어요. 누가 한 소식 했다며 거량하자고 하면 '나는 관심 없어.'라고 하셨습니다. 다 말장난이라고 생각했죠. 불교의 이론을 꿰뚫고 있었지만 확철대오 전에는 다 부질없다고 강조했던 기억이 납니다. 깨달음이 분명할 때까지는 그렇게 해야 한다고 고집스럽게 사셨지요.

알려져 있듯이 적명 스님은 돈오점수頓悟漸修를 말했습니다. 저나 고우 스님은 돈오돈수頓悟頓修를 강조했어요. 연전에 『간화선』이라는 책을 만들 때도 이 부분이 좀 정리가 안됐습니다. 결론적으로는 육조혜능 스님의 말씀(법무돈점法無頓漸 인유이둔人有利鈍)을 그대로 전하는 수준에서 정리했습니다. 그래도 적명 스님은 돈오돈수를 인정하는 점수론자였다고 할 수 있겠습니다."

적명 스님의 갑작스런 입적에 대해서도 혜국 스님은 '적명 스님답게 가셨다'고 했다.

"죽음보다 중요한 것은 삶입니다. 평생의 삶을 놓고 얘기를 해야지 죽음에 대해서만 이야기 하는 것은 큰 의미가 없어요. 죽음의 형태는 몸뚱이를 버리는 방법의 차이라고 보면 될 것 같습니다. 스님은 생전에 아주 산을 좋아하셨어요. 산에서 살다 가 산에서 가셨다고 생각합니다. 그래서 가장 적명 스님답게 가 셨다 생각하는 것입니다. 수좌는 오로지 수행에 목숨을 바치는 사람입니다. 수좌로 태어나서 수좌로 살다가 수좌로 죽는 것이 적명 스님의 꿈이었으니 스님의 꿈대로 된 것입니다."

혜국 스님은 마지막으로 한 마디만 더하겠다며 말씀을 정리 했다.

"적명 스님은 고집스럽게 자기 길을 걸어간 사람입니다. 그 래서 더욱 존경합니다. 우리 시대에 스님 같이 고집스럽게 수행 자의 길을 걸어가신 분이 계셨다는 것이 참으로 다행이라 생각 합니다. 왜냐하면 역대 조사스님들 가풍이 적명 스님과 같은 분 들 덕으로 이어질 수 있었기 때문이지요. 훗날 사람들은 현대 한국불교에 적명 스님이 있었기에 행복한 불자였다고 말할 것 입니다."

정직하고 당당하고
투철한 수행자

도법 스님

남원 실상사
회주

이 땅에 선이 최초로 전래된 신라 구산선문 최초가람 실상사. 장구한 절의 역사와 전통이 이 시대에 필요한 불교로 거듭나 이제는 삶과 수행이 하나 되는 사부대중공동체로 자리 잡은 사찰이다. 시대와 함께 호흡하고 지역 사람들과 같이 해온 실상사를 대표하는 인물은 도법 스님이다.

도법 스님은 1992년 초 실상사로 왔다. 예산 수덕사 정혜사에서 선우도량 3년 결사를 진행하다 실상사로 옮겨왔다. 스님은 실상사에서 선우도량 운동을 시작으로 귀농학교, 대안학교인 작은학교, 지리산을 사랑하는 열린 연대 지리산 살리기 국민행동, 지리산 생명연대, 생명평화운동인 생명평화결사, 걷는 길과 걸음의 생활화를 위한 지리산 둘레길 활동 등으로 이어지는 쉴 틈 없는 실천 활동을 해왔다. 다함께 평화로운 세상을 위해 지금도 대중들과 함께 할 수 있는 일들을 고민하고 또 고민한다.

오랜만에 찾은 실상사의 외관이 조금 커져 있었다. 툭 트인 산야에 소박한 전각들로 아담했던 도량에 템플스테이관과 새로 지은 공양간 등이 보인다. 찾아오는 사람들을 위한 불가피한 불사다. 여전히 절의 중심을 지키는 소박한 보광전의 기품이며 개산조 홍척국사 응료탑비, 수철화상탑비 등 구석구석 한국불교의 역사를 느끼게 해주는 유적들이 본래 모습대로 보존되고 있어 고맙다.

실상사는 여느 절처럼 산 '속'에 있지 않다. 거칠게 말해 논바닥에 있다. 그래서 절을 참배하는 맛이 다르다. 보광전 부처님께 삼배를 올리고 도법 스님이 주석하고 있는 극락전으로 향했다.

'맞짱 토론'을
마다하지 않았던 스님

도법 스님은 여전히 날카롭고 유쾌했다. 담백하고 솔직했다. 예를 올리고 고개를 들어보니 익숙한 '인드라망 심볼마크'가 벽 한켠을 장엄하고 있다. 인드라망 심볼은 도법 스님이 강의한 『화엄경』의 내용을 안상수 홍익대 교수가 그림으로 형상화한 것이다.

잘 알려진 대로 도법 스님과 적명 스님의 인연은 각별하다. 두 스님이 만났다 하면 해가 뜨는지 지는지 모를 정도로 토론했다는 얘기는 지금도 승가에 회자된다.

두 스님의 인연은 어떻게 시작됐을까?

"1960년대 말 제가 해인사 강원에 있을 때 대중들과 함께 오고가는 적명 스님을 처음 뵈었습니다. 해인사에 총림이 만들어지고 성철 스님이 초대 방장으로 계셨습니다. 수좌들의 위상이 대단히 높은 시절이었습니다. 저도 선방에 가서 참선하여 깨달은 도인이 되겠다는 생각이 강할 때라 선방스님들을 동경하며 부럽게 바라보았었지요. 적명 스님은 선방에서 '촉망받는 유망주'였어요. 스님은 저에게도 남다르게 보였습니다. 눈빛이나 표정, 태도가 그랬어요. 그런 느낌을 받았으니 다른 곳에서 만나도 더 눈여겨 보게 되고 한 말씀이라도 더 들어 보게 된 것 같습니다."

도법 스님은 해인사 강원을 다니다 졸업을 몇 개월 앞두고 뛰쳐나왔다. 하루빨리 선방에 가고 싶었기 때문이다. 스님은 스물한 살 가을에 김천 수도암으로 가서 '불퇴전의 신심으로 참선해서 깨달은 도인이 되리라'는 원을 세우며 백일기도를 했다.

"기도를 마치고 처음 간 선방이 송광사 선원입니다. 마침 보조 스님의 결사정신을 계승하여 '3년 결사'를 한다고 준비가 한창이었습니다. 저도 신심이 불타오를 때라 당연히 함께 하고 싶다고 했죠. 처음엔 구산 스님께서 '너는 선방 경험이 없기 때문에 안 된다.'고 해요. 그러거나 말거나 억지 생떼를 써서 결국 방부를 들였습니다. 그런데 한 철을 살고 난 다음 대중들이 많이 떠나고 5-6명 정도만 남았습니다. 저도 2년 가까이 정진을 하다가 나왔습니다."

도법 스님은 두 번째 송광사 결사에도 참여하려 했다. 혜암, 적명, 휴암, 무여, 혜국 스님 등 쟁쟁한 스님들 20여 명이 모였다.

"두 번째 결사는 혜암 스님께서 주도하셨습니다. 비구계 받은 사람을 중심으로 방을 짰기 때문에 비구계를 안 받고 있었던 저는 참여할 수 없었습니다. 별일도 아닌데 결정과정에서 합리적이고 민주적으로 정리되지 않아 좀 못마땅했습니다. 마침 현요 스님이 화엄전에 있었기 때문에 저는 먼저 나와 잠시 그 방에 가 있었습니다. 방을 짜는 일이 끝나자 어떻게 알고 적명 스님이 오셨어요. 실망한 후배를 위로할 겸 오셨던 거죠. 그때부터 적명 스님과의 인연이 구체적으로 만들어지지 않았나 싶습니다."

세월이 흘러 두 스님이 다시 만난 때는 1990년대 초반이다. 적명 스님은 선원에서 계속 정진했고 도법 스님은 선방에서 나와 '한국불교의 새 길을 열어보자'며 현대적인 대중결사인 선우도량 활동을 한창 할 때였다.

"저도 처음에는 깨달음을 지상목표로 생각했어요. 인간이 추구하고 실현할 최고의 가치인 깨달음이 아니면 중노릇 할 이유가 없다고 생각했습니다. 그런데 선방에서 큰스님들과 어록의 가르침대로 간화선 정진을 했지만 생각처럼, 말처럼 안 되는 겁니다. 그뿐만 아니라 최고의 구도자라고 자부하는 스님들이 모인 선방의 생활과 문화가 비상식적이고 불합리했습니다. 심각한 좌절감과 실망감에 빠져들었습니다. 주위를 둘러보니 정직하게 드러내어 말을 안 할 뿐 선배들도 동료들도 저와 크게 다르지 않았습니다. 결과적으로 십몇 년 선방에서 몸부림치다 선원 밖으로 나왔습니다. 길을 찾아 갈팡질팡, 우왕좌왕, 천방지축, 좌충우돌하며 세월이 흘렀습니다. 어느새 저도 법랍이 20년이 넘었고 나이도 40대에 접어들어 있었습니다. 바로 뒤에 후배 스님들이 줄을 서고 있었구요. 살펴보니 선배 어른스님들을 탓하거나 기대하고만 있을 때가 아니라는 판단이 들었습니다. 수경 스님, 지환 스님과 결사운동에 대한 대화를 시작했습니다. 그 과정에서 우리 시대에 맞는 대중결사 운동을 하자며 의기투합했고 그런 자리가 확대되어 선우도량 운동으로 구체화되었습니다. 그 때 올곧은 수행자로 정평이 나 있었던 적명 스님을 찾게 되었습니다. 적명 스님을 뵙고 혼란스러운 종단과 수행풍토에서부터 깨달음에 관한 문제까지 다양한 이야기를 나누기 시작했습니다. 그곳이 적명 스님의 토굴로 알려진 양산 천성산

비로토굴 마당 의자에 앉아 있는 적명 스님, 1990년대

요즘 비로토굴 모습

비로토굴이었습니다."

　오랜 세월만큼이나 적명 스님과 도법 스님의 불교관은 조금씩 달라져 있었다. 적명 스님은 수좌로서 여전히 전통적인 깨달음관과 수행관을 중요시했고 도법 스님은 '의심과 비판'의 시선으로 끊임없이 묻고 따졌다.

　"보통 초저녁에 만나 공양을 하고 이야기를 시작하면 다음 날 아침까지 이야기를 이어 갔습니다. 함께 했던 사람들의 자리가 다 비어도 아랑곳하지 않고 저와 스님은 끝까지 있었습니다. 어떤 때는 제가 '제발 그만 합시다.' 하고 청하기도 했어요. 젊은 제가 감당하기 어려울 정도로 스님의 태도와 의지는 단단했습니다."

깨달음에 대한
'다른' 생각

적명 스님은 '불교의 전제는 깨달음'이라고 했다.

　"불교라는 종교는 깨달음이 있기에 성립되는 종교다. 깨달음 없이 불교는 있을 수 없다. 석가모니 부처님이 6년 고행 수행 끝에 깨달음을 얻었고 교진여를 비롯한 5비구를 만났다. 깨달음을 얻지 못했다면 불교는 아마 전해지지 않았을 것이다.

지금 한국불교는 깨달음에 집중하지 못하는 것이 탈이다. 진력하는 게 왜 허물인가? '법화경 화성유품'에 '대통지승여래는 십겁의 세월 동안 수행해서 깨달음을 얻었다'는 내용이 나온다. 깨달음에 평생을 거는 것을 왜 탓하는가? 오랜 시간이 걸리더라도 깨달은 부처가 나오게 해야 한다. 우리가 옛사람처럼 못할 이유가 없다. 대중을 위한 활동은 굳이 불교가 아니어도 얼마든지 할 수 있다. 대중 활동이 불교의 근본인 것처럼 말하는 것은 옳지 않다."

그러면서 스님은 깨달음에 가장 빠르게 도달할 수 있는 것이 간화선看話禪이라고 강조했다.

"간화선은 구조적으로 깨달음으로 가는 최고의 길이다. 화두를 드는 것은 능소能所가 끊어지는, 그야말로 상대성이 끊어지는 깨달음의 자리로 바로 들어가는 특별함이 있다. 특별함이 있기 때문에 짧은 시간에 수행의 주류가 된 것이고 그 전통이 이어지는 것이다. 간화선에 대한 오해는 그것을 제대로 하지 않아서 발생한다. 어떻게 보면 쉽고 또 어떻게 보면 어렵기도 한 것이 간화선이다. 일상에서 어떤 일에 의심을 갖게 되면 해답을 찾기 위해 온갖 노력을 한다. 간화선도 바로 그런 원리이다.

간화선이 사람들에게 익숙하지 않은 화두에 의지하는 점이 있긴 하지만, 꾸준하게 하면 정진이 그리 어려운 일은 아니다. 깨달음에 대한 믿음을 갖고 그것을 이루기 위해 서로 격려하는

간화선에 대한 확신을 갖고 평생 정진한 적명 스님

노력이 필요하다. 지금처럼 깨달음을 배격해서는 깨달음을 이루는 사람이 배출되기 어려울 것이다."

이에 대한 도법 스님의 생각은 어떨까? 스님의 생각을 들어봤다.

"저도 간화선을 하고 있습니다. 따라서 적명 스님의 논리에 대해 복잡하게 문제 삼을 생각은 없습니다. 다만 실용적으로 따져봐야 된다고 생각합니다. 우리가 직접 경험해온 사실을 놓고 검토할 필요가 있습니다. 제가 50여 년 넘게 지켜봤습니다. 해

마다 2000명이 넘는 전문 수행자들이 겨울, 여름 안거 수행을 하고 있습니다. 그런데 깨달음을 이룬 사람이 나오지 않고 있습니다. 대표적으로 적명 스님의 경우를 보면 60여 년 온 생애를 바쳐 참선수행을 했는데 돌아가실 때까지 깨달음의 문제가 해결되지 않았습니다. 깨달음이 아무리 훌륭하다고 하더라도 일생 해결될 수 없는 것이라면 과연 그 길을 희망의 길이라고 하며 사람들에게 권하는 것이 괜찮은 것인가, 또는 사람들이 공감하고 받아들이겠는가 하는 문제입니다. 지금 생각할 때 처음부터 일생 해도 해결하기 어려운 일이라고 설명했으면 저는 참선하려고 하지 않았을 것입니다.

다른 하나는 더러 깨달음을 이루었다고 하는 경우가 있는데 불행하게도 실제 삶을 보면 정직하지도 합리적이지도 않습니다. 상식적으로도 납득이 안 된다면 아무리 심오하고 신비한 깨달음, 삼매 신통을 이룬다 한들 무슨 소용이겠습니까. 평범한 상식을 넘어 심오한 파격(깨달음)을 좇다가 무식 몰상식의 시궁창에 빠져드는 꼴이 아닌가 하는 걱정이 현실화되고 있습니다. 좀 더 덧붙이면 불교수행과 일상의 삶, 깨달음과 현실의 삶의 불일치와 부조화 문제가 매우 심각한 상황이라고 봅니다."

마무리되지 않은
토론

도법 스님은 끈질겼고 적명 스님은 피하지 않았다. 말에 불이 붙었다. 불은 좀처럼 꺼질 줄 몰랐다.

　"제가 좀 거칠게 물고 늘어졌어요. 적명 스님도 '후배의 도발'을 마다하지 않으셨고요. 진지한 얘기가 되는 분이시잖아요. 저는 깨달음에 대해 문제제기를 많이 했습니다. 반면 스님께서는 깨달은 도인이 나와야 우리가 희망을 찾을 수 있다고 하셨습니다. 그러면 저는 '몇 십 년째 스님께 같은 말씀을 들어야 합니까? 스님의 현재 상태는 어떤지 말씀 좀 해 보시죠.' 하고 따지기도 했습니다."

　후배의 단도직입적인 질문에 적명 스님은 답변을 내놓았다.

　"비유로 이야기해보지. 당나귀가 제일 좋아하는 것이 당근이야. 당나귀가 짐을 잔뜩 실은 수레를 끌고 가는데 힘들어 죽겠는 거야. 그래서 자꾸 주저앉으려고 해. 그런데 주인은 갈 길이 바빠. 빨리 가서 물건을 팔아야 하거든. 그래서 주인이 꾀를 내었지. 당나귀 코 앞에 당근을 매달아 주는 거야. 당나귀는 혀가 닿을락말락한 당근을 먹으려는 욕심으로 다시 일어나서 걸어가. 혀가 닿을 듯 닿을 듯 하는 코 앞의 당근을 먹으려고 죽기살기로 힘을 더 내는 당나귀가 내 상태야. 조금만 더 하면 금방 당근을 먹을 수 있을 것 같은데…. 하하."

도법 스님은 "아이고 스님! 아직도 그러고 계십니까?"라며 함께 웃었다고 한다.

"깨달음의 문제는 저와 적명 스님 간만의 문제가 아니고 한국불교, 아니 세계 모든 불교의 문제입니다. 대부분의 불교인들이 소를 타고 소를 찾는 격으로 깨달음의 문제를 다루고 있지 않나 하는 의심이 듭니다. 바람이 있다면, 이번 기회에 불교 수행과 일상의 삶, 일상의 삶과 깨달음이 일치될 수 있도록 깨달음의 문제가 정리되었으면 합니다. 그렇게 하려면 깨달음이 바로 현실에서 실천해야 할 내용인지, 아니면 세세생생 찾고 또 찾아서 도달해야 할 아득히 저 멀리 높고 신비한 곳에 있는 목적지인지를 정리해야 하지 않을까 싶습니다."

도법 스님다운 말씀이었다. 누구도 쉽게 말하지 못하는 주제를 정면에서 제기하는 사람이 바로 도법 스님이었다. 스님은 말씀을 이어갔다.

"제가 생각할 때 적명 스님의 참모습을 보여준 대표적인 사건은, 대중이 아무리 원해도 '난 깨닫지 못했기 때문에 조실 말고 수좌로 있겠다.'라고 하신 일이라 봅니다. 정직하고 당당하고 치열하고 투철했다는 수식어를 다 담고 있는 대표적인 모습이 '조실 말고 수좌로 살겠다.'고 하시며 실제 그렇게 사신 일이죠."

수행자 적명의 꼿꼿한 모습은 그대로 현실 문제에서도 드러났다.

"구체적인 일로는 백양사 승풍 실추 사건으로 종단이 위기에 처했을 때 이번만큼은 합법적인 종단 질서를 안정적으로 유지하면서 사태를 수습하고 좀 더 나은 길을 열어가도록 해보자는 취지로 자성과 쇄신 결사를 스님과 함께 했었습니다.

또 다른 하나는 총무원장 선거 관련한 일입니다. 그 문제로 교계가 시끄러울 때 적명 스님에게서 전화가 왔습니다. '내가 볼 때 이번 총무원장 선거를 기존 방식으로 치를 경우 종단이 걷잡을 수 없는 상황으로 빠져들 위험이 있다. 누구도 배제하지 않고 함께 하되 종단을 아끼는 제3세력이 중심이 되어 다음 총무원을 운영할 수 있도록 선거를 해야 한다고 본다. 그렇게 볼 때 현 총무원장만 설득하면 된다.'고 적명 스님이 운을 뗐습니다. 제가 '알겠습니다.' 하고 대화가 되는 이쪽 사람, 저쪽 사람, 제3의 사람들과 함께 하는 자리를 마련하여 대화를 한 결과, 취지는 좋은데 현실성은 없다고 하며 흩어졌습니다.

그래도 저는 취지가 좋으면 그 길을 열어야 옳지 않겠나 하는 마음으로 적명 스님과 계속 대화를 하며 기본 가닥을 잡았습니다. 그리고 총무원장을 만나 제안했는데 흔연하게 함께 하겠다는 답을 들었습니다. 바로 이어서 직접적으로 책임을 맡고 있는 이쪽, 저쪽, 제3의 사람들이 만나 전격적으로 그렇게 하자

봉암사에서 열린 제1차 자성과 쇄신 준비위원회에서
토론하는 스님들

고 합의를 했습니다. 그 자리에선 조계종 역사에 기적이 일어났다고 하며 모두 환호하고 얼싸안고 그랬습니다. 그 소식을 들은 고우 스님도 잘 됐다고 하며 당신이 나서서 결실을 맺도록 하겠다고 의욕을 보였습니다. 그런데 끝내는 무산되고 말았습니다. 그 일로 적명 스님이 이러쿵저러쿵 온갖 비난을 많이 받았습니다. 그 상황을 착잡한 마음으로 바라보고 있다가 안 되겠다고 판단되어 적명 스님의 정당함과 비난의 부당함에 대해 글을 쓰기도 했습니다. 제가 볼 때 적명 스님의 애종심은 순수했습니다. 합의한 대로 성사됐으면 종단 역사는 달라졌을 것이라고 생각합니다.

제 입장에서 참으로 적명 스님이 그리운 것은 깨달음을 위시로 한 무거운 주제들을 허심탄회하게 묻고 따지고 생떼를 부려도 괜찮은 스님이 여기에 안계시다는 사실입니다. 참으로 온 세상이 텅 빈 느낌입니다. 2013년 선거 후에는 스님을 뵙지 못했습니다. 그러다 보니 적명 스님께서 '요즘은 도법이가 연락도 없어.'라고 주변 사람들에게 말씀하셨다고 해요. 괜한 오해를 살 수 있어 한 발 떨어져 있었습니다. 좀 잠잠해지면 다시 뵙고 여러 주제를 갖고 유쾌하게 대화하려고 했었는데 아쉬운 마음이 큽니다."

오랜 세월 적명 스님과 함께 해오는 동안 쌓여진 신뢰와 애정만큼이나 도법 스님의 말씀은 끝이 없었다. 점심부터 시작된 인터뷰는 저녁이 다 돼서야 끝이 났다. 다음 일정 때문에 도법 스님이 급히 바랑을 챙기기 시작했다. 인터뷰도, 바랑을 챙기는 모습도 역시 도법 스님다웠다.

봉암사의 가을

선고禪敎를 겸비한
청정한 수행자

원택 스님

백련불교문화재단
이사장

해인사 백련암으로 향했다. 원택 스님을 만나기 위해서다. 가야산 숲에 취해 꼬불꼬불한 길을 따라 한참 올라가니 백련암은 꽃 천지다. 오색빛 영롱한 꽃이 보란 듯이 서로의 아름다움을 뽐내고 있다.

"성철 큰스님께서 환갑을 지나시면서 꽃과 나무에 관심을 보이셨어요. 모란, 작약은 물론 철쭉도 좋아하셨습니다. 큰스님 열반하시기 몇 년 전에 철쭉을 심었는데 덕분에 이제는 백련암을 참배하는 사람들 눈이 호강하고 있습니다."

스님은 최근 산청 겁외사에 무궁화도 심었다. 생전 무궁화를 좋아했던 은사스님을 생각해 겁외사 내 생가 인근에 무궁화 동산을 조성중이라 한다. 머지않아 겁외사도 꽃세상이 될 듯하다.

스승 성철 스님 선양을 잠시도 쉬지 않는 원택 스님은 '시봉侍奉의 아이콘'이다. 불자들에게는 '부처님과 아난'처럼 '성철과 원택'의 이미지가 있다. 출가 이후 평생 스승을 지극정성으로 모셨다는 공통점이 그러할 것이다.

원택 스님은 1972년 1월 출가와 함께 백련암에서 성철 스님 시봉을 시작했다.

"1980년 가을이었던 것 같습니다. 그때 큰스님께서 저를 부르시더니 원고 한 뭉치를 주셨습니다. 『선문정로』와 『본지풍광』의 초고였어요. 큰스님께서는 저에게 원고를 들고 순천 송광사 불일암에 가 법정 스님에게 윤문을 부탁드리라고 하셨습니다. 제 생각에는 아마 그때부터 본격적으로 시봉이라는 제 길이 결정된 것이 아닌가 싶어요."

1981년 10월 『선문정로』를 발간하고 1982년 12월에 『본지풍광』을 낸 것이 오늘날까지 이어진 시봉의 시초였다는 것이다. 이후 성철 스님 법어집 11권과 〈선림고경총서〉 37권을 발간했다. 이어 1998년 성철 스님 열반 5주기에 맞춰 사리탑 불사를 마무리하고 불필 스님과 함께 2001년 3월 겁외사를 창건한 뒤 곧바로 〈중앙일보〉에 성철 스님 시봉 이야기인 '남기고 싶은 이야기'를 6개월간 연재해 책으로 발간했다. 원택 스님은 앞으로도 서적 발간과 영상콘텐츠 제작, 학술지 발간 등의 선양 사업을 이어갈 계획이다.

성철과 적명 그리고
봉암사

원택 스님이 지금도 매년 동안거에 봉암사를 찾아 대중공양을 올리는 것도 성철 스님 선양사업 중 빼놓을 수 없는 일이다.

"큰스님께서 열반하신 뒤 문도들이 한자리에 모여 앞으로 큰스님의 뜻을 어떻게 이어갈지에 대한 논의를 했습니다. 기본 적으로 '자기를 바로 봅시다', '남모르게 남을 도웁시다', '남을 위해 기도합시다'라는 3대 지침을 실천하기로 했습니다. 이와 함께 큰스님께서 생전 가장 많은 애정을 가지고 있던 봉암사 외호에도 힘을 쏟기로 했습니다."

이후 성철문도회 스님들은 가능한 봉암사에 가서 정진하는 것을 염두에 두었고 신도들도 매 안거 때마다 봉암사 대중공양을 올리고 있다.

"적명 스님께서 2009년에 봉암사 수좌로 추대돼 오셨고 백 련암 신도들은 1993년 이후 16년 정도 대중공양을 올리고 있 었습니다. 수좌들의 고향인 봉암사에서 적명 스님을 다시 만나 니 더 없이 반가웠습니다. 또 사제인 원타 스님이 주지여서 저 도 더 마음을 썼던 것 같습니다. 봉암사 대중공양 20년이 되는 해에 적명 스님께 이 사실을 말씀드리니 '한 문중에서 이렇게 꾸준하게 하는 것을 처음 본다.'며 고마워하셨지요."

봉암사 대중공양에 동참한 백련암 불자들과 함께 한
적명 스님과 원택 스님

　원택 스님은 최근엔 겨울마다 적명 스님을 만났다. 불교 안
팎의 현안들에 대한 의견을 나누고 한국불교의 지향에 대한 허
심탄회한 대화를 가져왔다. 지난 1월에도 봉암사 대중공양 일
정을 잡아두었던 터였는데 돌연 적명 스님의 입적 소식이 들려
왔다.

　"공양을 가려던 차에 열반 소식을 듣고 깜짝 놀랐습니다. 더

구나 산에서 낙상을 하셨다는 것이 믿기지 않았지요. 출가 초기에 성철 큰스님께서 '머리만 깎았다고 중 된 것 아니다. 중은 평생 정진하다가 논두렁 베고 하늘의 별을 보며 죽을 각오를 해야 된다 아이가. 중노릇이 쉬운 거 아니다.'는 말씀을 자주 해주셨어요. 저는 이 말씀이 바로 떠올랐습니다. 적명 스님도 '도를 다 닦으면 그때 도인답게 훌훌 털고 가라.'는 큰스님 말씀을 더러 듣지 않았나 싶어요. 저는 적명 스님께서 평생 동안 공부 다 하시고 당신 힘이 있을 때 자유롭게 떠나신 것이 아닌가 하는 생각을 하고 있습니다."

돈오돈수와 돈오점수는
방점의 차이

원택 스님은 적명 스님을 백련암에서 처음 만났다

"제가 1972년에 출가해 약 2년간 백련암 부엌에만 있었습니다. 시찬에 채공, 공양주까지 부엌에서 할 수 있는 소임은 다했어요. 그러다보니 백련암 밖의 일은 거의 모르고 살았지요. 설날이 되면 큰스님께 세배 오는 대중들을 잠깐 뵐 수 있었는데 그중에 적명 스님도 계셨습니다.

제가 1974년에 비구계를 받고 해인사와 백련암을 오가면서 적명 스님을 좀 더 알게 된 것 같습니다. 스님은 해인사 선원에서 입승 소임을 보고 있었는데 눈에서는 빛이 나고 얼굴도 매우 밝았던 기억입니다. 스님을 보며 '수좌의 모습은 저런 것인가' 하는 생각을 했어요."

이후로도 적명 스님과는 인연이 꾸준히 이어졌고 진솔한 이야기도 나누는 사이가 되었다.

그러던 어느 날 적명 스님이 원택 스님에게 '고백'을 했다.

"나는 성철 큰스님을 신信하지 않네."

"무슨 말씀입니까? 왜 그런 말씀을 하시는지요?"

"큰스님께서 돈오돈수頓悟頓修를 말씀하시는데 나는 돈오점수頓悟漸修를 하는 사람이야. 그리 알고 나를 이해해줘."

평소 성철 스님의 가르침을 따랐던 적명 스님의 솔직한 고백이었다. 적명 스님이 말씀을 보탰다.

"방선放禪 시간 해인사 큰 방에서 차 한 잔 먹으면 소위 '돈점 논쟁'이 일어나곤 했어. 성철 큰스님은 돈오돈수를 하시면서도 돈오점수를 부정하지는 않았다고 생각하네. 최상승선에서는 돈오돈수이지만 근기가 약한 이들에게는 점수가 필요한 것 아닐까? 큰스님의 돈오돈수와 보조 스님의 돈오점수는 서로 부정하는 게 아니라 강조점만 다른 거라고 나는 생각하네. 아무튼 나는 이런 생각을 하고 있으니 잘 참고하시게."

원택 스님은 적명 스님의 솔직한 토로가 오히려 좋았다.

해인사 백련암

"적명 스님은 타고난 수좌이면서 책을 상당히 가까이 하셨습니다. 이런 점에서는 저의 스승이신 성철 스님과 닮아 있으시지요. 성철 스님이나 서옹 스님께서 항시 선학 책을 많이 보셨거든요. 적명 스님은 어릴 때부터 독서량이 엄청났다고 들었고 평소 존경하던 두 스님 영향도 받은 것 같아요. 한번은 뇌과학 이론이 선학과 연관되는 것처럼 요즘 새로 나오는 양자역학을 읽어보면 공 사상을 공부하는 데 도움이 되는 것 같다고 하셨어요. 새로운 공부 흐름에 관심이 많다보니 스님이 해인사 열중을 보실 때 '내가 성철 큰스님보다 좀 더 빨리 읽어야지' 하는 마음에 대구서점에 신간이 나오는 대로 보내달라고 해두었답니다. 그러고나서 퇴설당에 노장님 만나러 가면 그런 내용을 이미 알고 계신 듯 미소지으셨다고 들었습니다. 두 분 다 평생 참선으로 정진하셨지만 시대적인 공부도 많이 하셨던 어른들입니다."

서랍 속의 '적명 노트'

적명 스님에 대한 이야기를 이어가던 원택 스님이 자리에서 일어나 서랍을 열었다. 그리고 도톰한 노트를 내밀었다. 노트의 제목은 〈연기, 그 천착을 위하여〉였다. 작성 시기는 2006년 6월이었고 스님이 은해사 기기암에서 쓴 글이었다.

"언제였는지 기억이 정확하지는 않습니다. 적명 스님께서 전화를 하셔서 서울 성북동 전등사로 오라고 하셔서 달려갔습니다. 이미 도법, 현응 스님을 비롯해 선방 안팎의 중진스님들이 모여 계셨어요. 인사를 나누고 큰방에 앉았더니 적명 스님께서 이 노트를 나눠주셨습니다."

적명 스님이 이날 참석한 스님들과 함께 토론하기 위해 직접 발제문을 써온 것이었다. 다음은 노트 내용 중 일부인데 문장이 예스럽지만 곰곰이 새겨둘 만하다.

'연기의 세계를 천착하고자 함은 불자로서 실로 외람되고 법도에도 어긋나는 짓이다. 그야말로 개똥불을 가지고 수미산을 태우려는 어리석음과 같다. 그러나 그런 줄 알면서도 짐짓 천착하고자 함은 그 소의가 무엇인가. 그것은 연기사법에 대한 관심 때문이다. 처음부터 보통사람들에게는 분이 닿지 않는 아득한 세계의 이야기이고 모든 망정을 여의고라야 비로소 알 수 있는 성인의 경계라는 생각은 연기에 대한 관심 자체를 가질 수 없게 한다. 백번 잘못되고 틀려 있더라도 시도하지 않는 자에게 문제는 해결되지 않는다. 지해知解의 길이 아니며 지해로써 천착될 수 없는 세계일지라도 다른 방법을 알지 못한다면 눈을 부릅뜨고 집중해서 바라보며 헤아리고 헤아리는 일부터 시작해야 한

다. 이것이 아마 마침내는 크게 쉬는 해탈 구경에 이르는 대도大
道의 첫걸음이며 고인들이 눈썹 빠지는 화를 감수하며 장광설
을 사양하지 않았던 본의일 것이다. 그리고 또 자비원행에 수순
해 들어가는 후학들의 옳은 모습이지 않을까 여겨진다.'

'불법의 심심한 의취에 계합함이 있어 그 부사의함에 황홀해질
때는 모름지기 다음 두 가지를 시험지로 활용함이 좋겠다. 즉
당하에 의식분별이 사라져 일념상응一念相應함이 있는가, 그리
고 일체 불조 기연의 차별 언구에 활연해서 조그만 의심도 남
음이 없는가. 만일 이와 같은 자기 점검에 흔쾌히 점두할 수 있
으면 대사大事를 마친 사람이라 할 수 있으며 대선지식을 찾아
보는 일만 남은 것이다. 만일 여기에서 스스로 긍정치 못하거나
의심처가 있으면 바야흐로 활구참선의 길을 나서지 않을 수 없
다. 진정 새로운 시작이 필요한 것이다.'

'연기의 이치를 사유하고 공과 불이의 뜻을 깨달아 불법의 오의
를 체득했다고 느껴질 때 그래서 깊은 희열에 휩싸일 때는 고인
의 경구를 재삼 음미해볼 일이다. 생사의 일이 크고 크기 때문
에 사려있는 수행자라면 모름지기 돌다리도 두드려보는 수고
로움을 사양해서는 안 되는 것이다. 구경의 대무심처, 대해탈자
재처가 아니면 결코 안심할 수 없기 때문이다.'

원택 스님은 이 노트를 보면서 새삼 적명 스님이 선교禪敎를 겸비했다는 사실을 다시 확인했다고 한다.

"스님께서는 당신이 노트를 작성하신 이유를 먼저 설명하셨습니다. 그리고 중관, 유식, 대승기신론 등을 두루 살피며 강론을 하셨습니다. 연기緣起와 중도中道, 무아無我와 무상無相에 대한 당신의 생각이 고스란히 글로 정리됐습니다. 스님은 연기의 세계가 깨달음의 세계라고 강조했어요. 공부가 됐을 때 스스로 점검할 수 있는 방법에 대해서도 친절하게 설명하셨습니다.

저는 성철 큰스님께서 파계사 성전암에서 10년간 동구불출하시면서 '성철 불교'를 정립하셨듯이 적명 스님 또한 천성산 비로토굴에 10년 넘게 계시면서 '적명 불교'를 정리하신 것이 아닌가 하는 생각이 들었습니다. 스님께서는 깨달음의 기준을 나름대로 제시하면서 이런 논의들이 후학들에게 작은 도움이라도 되면 좋겠다고 하셨습니다."

적명 스님의 발제 후 역시나 밤을 새면서 토론이 이어졌다.

얼마 지나지 않아 기기암으로 적명 스님을 다시 찾은 원택 스님이 말했다.

"스님께서는 이제 선방에서 나와 강원으로 가셔야겠습니다. 여느 강사스님보다 뛰어난 안목이시니 대중들에게 좀 전해주셔야 하지 않겠습니까?"

"하하. 원택 스님도 무비 스님하고 똑같은 소리를 하네. 무비

봉암사 동방장에서 담소를 나누고 있는 적명 스님과 원택 스님

스님도 내 글을 보고는 강원 강주로 초빙하겠다고 하더군."

적명 스님 입적 후 세간의 관심이 높아지면서 유튜브에 올라와 있는 법문을 듣는 사람들이 많이 늘고 있다.

"저도 그 이야기를 듣고 법문 몇 편을 들어 봤습니다. 스님의 중도법문을 들어보면 물리학에 관한 내용들이 자주 나옵니다. 성철 스님도 생전에 법문하시면서 물리학을 많이 언급하셨지요. 적명 스님께서 빛과 파동의 이중성을 들어 중도로 설명하시는 걸 보고 참 대단하다 싶었습니다. 학계의 물리학자들도 이렇게 명쾌하게 물리학에 접근해서 불법을 도출해내는 건 들어본

적이 없다고 하더군요. 평소에도 적명 스님 법문을 듣거나 대화를 할 때 자주 느끼는 게 있습니다. 보통 이야기에 빠지다보면 옆길로 새기도 하잖아요. 근데 스님은 그렇게 가시다가도 말에 염주를 꿴 듯 기가 막히게 본론으로 돌아옵니다. 물론 마지막은 다 공부지요."

원택 스님은 적명 스님이 왜 이 시대에 더욱 필요한 선지식인지를 설명했다.

"간화선을 연구하는 세계적인 석학들이 한국에 왔을 때 대화를 나눌 수 있는 대표적인 선지식으로 소개받는 분이 적명 스님이었습니다. 서구학자들은 선적인 대화에 익숙지 않습니다. 단도직입 같은 것이 잘 통하지 않아요. 적명 스님께서는 스타일이 전혀 다른 서구학자들에게 하나하나 설명을 해주실 수 있는 엄청난 역량을 가지고 계셨어요. 봉암사에 다녀간 많은 학자들이 적명 스님 '뒷조사'를 한다는 소문이 우스갯소리가 아닙니다. 저 역시 학자들에게 적명 스님에 대한 질문을 많이 받았어요.

평생 봉암사에서 조실祖室을 마다하시고 수좌首座로 계시면서 외국 스님들과 학자들에게 한국의 간화선을 자상하게 설명해 주시던 적명 스님의 열반은 불교계에 너무나 큰 손실임에 틀림없습니다. 한국불교는 좀 더 친절해져야 합니다. 한국불교의 장점을 설득력 있게 소개하고 안내하지 못하면 '우리만의 불교'에 그칠 뿐입니다. 그런 측면에서 볼 때도 적명 스님은 정말 대단한 어른이었습니다."

인터뷰 시간이 길어지면서 꽃들도 어둠 속으로 사라져갔다. 그리고 아침이 되자 가야산은 밝은 얼굴로 다시 세상을 깨웠다.

미래를 내다보는
혜안을 지닌 어른

의정 스님

전국선원수좌회
상임대표

오랜만에 양평 상원사를 찾았다. 크지 않은 전각들이 옹기종기 모여 있고 그 뒤로 용문선원이 있다. 2001년 개원한 선원은 패기있고 당당했다. 꿈틀거려 하늘로 솟을 것 같은 '龍門禪院(용문선원)' 편액은 당시 고불총림 방장 서옹 스님이, 주련은 인천 용화선원장 송담 스님이 썼다.

용문선원 마당에서 도심과는 확연히 다른 산수山水의 기운을 온몸으로 느낀 뒤 의정 스님을 찾았다.

"상원사는 통일신라 때 세운 절인데 고려시대부터 선원이 있었어요. 태고보우 국사가 수행한 곳으로 알려졌고 조선시대에는 태조의 왕사였던 무학 대사가 용문산에서 깨달은 뒤 왕사 자리를 내놓고 이곳에서 정진했습니다. 1462년 세조가 이곳에 참배하러 왔을 때에는 법당인 담화전 상공의 구름 위에 백의관음白衣觀音이 나타났다고 전해져옵니다."

스님은 상원사의 역사와 용문선원의 가풍을 소개했다.

"지금 우리 불교의 가장 큰 문제점 중의 하나는 선지식을 믿지 못하고 또 선지식을 모시지 않고 공부한다는 것입니다. 꼭 스승을 모시고 공부하라는 얘기를 하고 싶어요. 스승 없이 공부하면 중간에 잘못되는 경우가 많습니다. 저도 부족하지만 용문선원에서 정진하는 후배들이 공부 중 궁금한 것이 있으면 언제든 답을 주고 여러 가지 수행경계에 대한 이야기도 나눕니다."

차가 우러나길 기다리는 사이 다탁에 놓여진 책 한 권이 눈에 들어왔다. 스님은 얼마 전 은사 운경 스님을 추모하는 책『운경 스님, 스님이 계셔서 행복했습니다』를 부처님께 봉정했다.

운경 스님은 1960년대부터 청소년과 군 포교에 진력했고 의정부 지역을 거점으로 주력한 도심포교는 한국불교 포교사의 전무후무한 역사로 남아 있다. 일제강점기에는 독립운동에 참여해 옥고를 치렀으며 한국전쟁으로 전소된 봉선사를 운허스님과 함께 중창해 사부대중으로부터 존경받는 스님이었다.

의정부에서 나고 자란 의정 스님이 의정부포교당 운경 스님을 찾아간 것은 자연스러운 일이었다. 청소년기 때부터 삶에 대한 고민이 많아 매일 책을 통해 답을 구하던 청년은 운경 스님에게 진로를 의논하곤 했었다.

"드디어 출가를 결심하고 스님께 큰절을 추천해달라고 했더니 '고승高僧이 계신 봉선사로 가자.'고 하셨습니다. 그길로 은사스님과 함께 운허 노스님께 인사를 드리고 출가를 했지요."

하지만 운경 스님은 눈빛이 살아 있는 청년 의정 스님을 일찌감치 당신 상좌로 점찍어 두고 있었다.

젊은 수좌 적명과의 조우

의정 스님은 1972년 출가해 1976년 해인사 강원을 졸업했다. 출가하자마자 선원에 가고 싶었지만 운허 스님이 사교입선捨敎入禪을 당부했기에 강원으로 먼저 간 것이다.

"운허 노스님께서는 부처님 법을 제대로 알고 선원으로 가서 화두공부를 하라고 하셨습니다. 노스님 뜻에 따라 해인강원에 가서 공부를 했습니다. 강원에서 경전공부와 함께 대중생활을 배웠습니다. 해인사 선원의 치열한 수행 분위기과 함께 수좌 스님들의 거친 면도 조금씩 봤어요. 강원을 마치고 바로 선원으로 가려 했지만 본사인 봉선사에서 '의무적'으로 소임을 봐야 해 몇 개월 교무를 맡았습니다."

교무를 맡아 동분서주하고 있던 어느 날 젊은 수좌 두 명이 운허 스님을 찾아왔다.

"저는 적명이라고 합니다. 운허 큰스님을 친견하러 남쪽에서 왔습니다."

"저는 전강 큰스님 시봉 정호입니다."

제방에서 정진 잘한다고 소문이 자자했던 적명 스님과 정호 스님(전 용주사 주지)이 동안거를 마치고 봉선사까지 온 것이었다.

"두 어른은 젊을 때부터 두각을 나타냈었고 저 역시 두 분에 대한 얘기를 듣고 있었습니다. 처음 만났을 때부터 정말 참신한 수좌라는 느낌을 받았습니다."

스님은 두 스님을 운허 스님 처소로 안내했다. 삼배를 올린 스님들이 운허 스님에게 질문을 드리기 시작했다. 질문의 주제는 주로 수행에 관한 것이었다. 젊은 스님들의 당돌한 질문에 운허 스님은 미동도 하지 않았다. 한참동안 듣고 난 뒤 운허 스님이 운을 뗐다.

"나는 전공이 경학經學이네. 자네들이 궁금해 하는 그런 내용은 제방의 어른들을 찾아가 여쭈어 보게. 해인사 성철 스님을 비롯한 선지식들이 좋은 답을 주실 것이네."

충분히 답을 할 수 있는 당대의 대강백임에도 운허 스님은 "더 좋은 스승을 찾아가라."고 권했다. 교학教學에 대한 질문을 해도 답은 마찬가지였다.

방을 나온 두 수좌는 다시 길을 나섰다.

"운허 큰스님을 친견한 것만으로 만족하네. 교무스님은 크게 신경 쓰지 않아도 되니 걱정 말게."

의정 스님은 그렇게 적명 스님을 처음 만났다. 눈빛이 형형한 젊은 수좌들의 모습을 보며 의정 스님도 하루 빨리 선방에 방부를 들이고 싶었다. 그리고 바로 실천에 나섰다.

명실상부한 수좌계의
지도자

1976년 겨울 의정 스님은 인천 용화사 선원에 방부를 들였다. 송담 스님을 스승으로 모시고 정진했다.

"강원에 있을 때 용주사 문중의 도반스님에게 전강, 송담 큰스님에 대한 이야기를 많이 듣고 그 분들을 공부의 스승으로 모시겠다고 생각했습니다. 강원을 마치고 봉선사에서 소임을 본 뒤 송담 스님께 판치생모板齒生毛를 화두로 받았습니다. 스승으로 모시고 공부하겠다고 하니 스님께서는 '내가 스승이 될 수 있을지 모르겠다.'며 기꺼이 받아주셨습니다."

이렇게 수행의 길잡이가 될 스승을 만나 화두 공부에 힘쓰던 의정 스님이 적명 스님을 다시 만난 곳도 용화사 선원이었다.

"1981년이었던 것으로 기억합니다. 그때 용화사에는 적명, 무문, 영산, 주공, 주일 스님 등 선방에서 후배들의 존경을 받던 스님들이 많이 오셨습니다. 무문 스님이 입승을 하셨고 적명 스

법당과 선방을 겸한 오대산 북대 미륵암, 1990년대

님은 한주로 계셨습니다. 정진 열심히 하시는 선배스님들의 모습을 보며 저도 수좌로서 어떤 삶을 살아야 하는지를 많이 생각했습니다.

적명 스님은 젊어서부터 몸을 돌보지 않고 정진을 하셔서인지 냉병冷病이 있었습니다. 스님이 머물던 방문 앞에는 항상 담요를 걸어 냉기를 막았던 기억이 납니다. 언젠가는 오대산 북대에서 몇 철 정진하셨어요. 북대에 가기 전부터 스님은 "이렇게 좋은 도량에서 후회없이 정진하고 오겠다."며 각오를 다지고 결제에 들었습니다. 당시 북대는 겨울에 영하 30도까지 내려갈 정도로 추운 곳인데 스님은 혹한을 이겨내고 환희심으로 잘 마치셨다고 훗날 들었습니다."

이후 의정 스님은 통도사 극락암, 송광사, 불국사, 백양사 운문암, 봉암사, 태안사, 수도암 등 제방 선원에서 25년 가까이 정진한 뒤 당시 양평 상원사 주지 호산 스님을 비롯한 사제師弟 스님들과 힘을 모아 지금의 용문선원을 개원했다.

"제가 용문선원 선원장 소임을 맡고 1~2년 정도 지나 적명 스님에게 연락이 왔습니다. 요즘 선방이 많이 침체돼 있으니 모여 얘기를 좀 하자고 하셨습니다. 저는 일체의 외부 활동에 관심을 두지 않고 정진에만 집중했기 때문에 나가지 않겠다고 했어요. 그런데 그 후로 두번 더 전화가 왔습니다. 그래도 안 간다고 했더니 적명 스님께서 '안 나오면 쳐들어간다.'고 그러십니다. 할 수 없이 부산 범어사로 가게 되었습니다."

범어사 금어선원에 도착하니 전국에서 20명이 넘는 선원장 스님들이 이미 바랑을 풀어놓고 모여 있었다. 적명 스님의 주도로 금정산 산행을 하고 선원의 현실과 운영에 대해 허심탄회하게 대화를 나누는 시간이 이어졌다.

"현재 전국선원수좌회의 한 축인 전국선원장회의가 그렇게

의정 스님과 수좌회의 현안을 의논하는 적명 스님

만들어졌습니다. 대부분 서로를 알고 있었지만 해제 기간에 모여 하룻밤 같이 지내면서 친밀해진 가운데 자연스럽게 대화할수 있었어요. 적명 스님이 정말 치밀하게 계획을 짜서 모임을 만드신 겁니다. 그 후로 선원장회의는 정기적으로 열렸고 선원 안팎의 현안들을 중점적으로 논의하는 모임이 되었습니다."

선원장회의에서 진행한 일들 중 중요한 것으로 조계종 수행지침서『간화선』출간을 들 수 있다. 꽤 오랜 시간 동안 우여곡절을 겪으면서 진행한 분도 적명 스님이었다.

"종단 교육원에서 처음 수행지침서를 만든다고 했을 때 대부분의 선원장스님들은 '문자선文字禪의 폐해를 다시 불러올 수 있다.'며 반대했습니다. 결국 교육원이 몇몇 학자들과 독자적으로 작업을 시작했어요. 작업이 하나씩 마무리될 때마다 중간 보고서를 선원장스님들에게 보내오는데 아무래도 불안한 겁니다. 결국 선원장스님들이 책 발간에 관여를 하게 됐습니다. 그런데 수차례 스님들이 모여서 논의를 해도 쉽게 의견이 하나로 모아지지 않았습니다."

이때 적명 스님은 특유의 카리스마로 상황을 정리했다.

"이 자리에 모인 스님들의 다양한 의견을 다 모으는 것은 사실상 어렵다고 봅니다. 제가 여기서 몇 분을 지명하겠습니다. 다들 인정하시는 분들이니 반대하지 않을 것으로 생각합니다. 고우 스님, 무여 스님, 혜국 스님, 의정 스님, 설우 스님이 선원을 대표해 책 발간사업에 동참하는 것으로 하겠습니다."

이렇게 해서 선원장스님들의 위임을 받은 다섯 스님이『간화선』편찬 작업을 주도하면서 마침내 많은 대중들의 관심 속에『간화선』이 모습을 드러냈다. 2005년 5월의 일이다.

"막바지 작업을 할 때는 돈오돈수와 돈오점수를 어떻게 정리하느냐를 놓고 진통이 있기도 했습니다. 이때도 적명 스님의 제안에 따라 돈오돈수와 돈오점수를 소개하고 안내하는 정도로 합의를 보았습니다. 크고 작은 문제들이 생길 때면 일을 해결해 주는 분이 바로 적명 스님이었습니다."

적명 스님이 남긴
숙제들

적명 스님은 현안을 해결하는 능력도 뛰어났지만 미래를 내다보는 눈도 탁월했다. 승려복지의 출발도 적명 스님의 제안에 따른 것이었다.

 "그동안 공식적으로 논의되지 못하고 있던 수좌복지 문제를 처음으로 제기하신 분이 바로 적명 스님입니다. 스님은 2000년대 초부터 수좌복지제도를 마련해야 한다고 말씀하셨어요. 그리고 당신이 직접 복지기금을 조금씩 모아두셨습니다."

 그동안 제방에서 열심히 정진하던 수좌들이 말년에 허름한 토굴에 살거나 폐가에 가까운 시골집에서 지내다 외롭게 입적하는 경우가 적지 않은 현실이었다. 잦은 병치레로 쓰러져 가는 수좌들도 많았다. 적명 스님은 이를 제도적으로 막아야 한다고 주장한 것이다. 논의 끝에 2011년 2월 전국선원수좌회 산하에 복지특별위원회를 설치했고 의정 스님이 위원장을 맡았다.

 "당시 봉암사 수좌로 계시던 적명 스님이 4100만원을 먼저 쾌척하셨습니다. 기기암에 계실 때 대중 스님들과 함께 모은 금액인데 수좌스님들이 넉넉하지 않은 형편에도 보시금에서 일부를 적립해서 모았다고 합니다. 이 돈이 수좌복지회의 종잣돈이 된 셈이지요. 이어 전국의 선원장스님들이 500만원에서

문경 세계명상마을 기공식
(가운데) 적명 스님 (좌측으로) 설정 스님, 의정 스님, 2018년 7월 12일

1000만원을 내놓았고 송담 큰스님과 신흥사 조실 오현 큰스님
도 큰 도움을 주셔서 선원수좌선문화복지회가 만들어졌습니
다. 설립 초기에는 이런저런 어려움이 있었지만 이제 어느 정도
자리를 잡았고 종단 차원에서도 승려복지회를 만들어 스님들
의 노후생활을 살피고 있습니다. 적명 스님은 확실히 과거와 현
재, 미래를 보는 혜안을 가졌던 어른이었습니다."

적명 스님의 선견지명은 수좌계에만 국한되어 있지 않았다. 현대인들의 정신문화 고양을 위해 명상을 지도하는 문경 세계 명상마을 불사가 바로 그것이다.

"선禪은 21세기 인류문명을 이끌어갈 유일한 대안사상이라 고들 합니다. 실제로 선진국이라는 유럽과 미국에선 명상 열풍 이 대단하고 이웃 종교마저도 참선을 도입하는 실정인데 정작 간화선의 종주국이라는 한국에선 인정 받지 못하고 있는 현실 이에요. 약간의 곡절을 거쳐 2016년 봉암사에서 구참회의를 열 고 세계명상마을 건립추진위원회를 구성했습니다. 대표는 적명 스님이, 저는 상임추진위원장을 맡았습니다. 제방의 어른스님 들과 선원장스님들이 추진위원으로 참여하고 있습니다. 봉암 사가 부지를 제공하고 수좌회가 불사를 진행하는 형식으로 진 행되고 있습니다. 간화선의 대중화와 세계화를 위해서는 세계 명상마을 불사가 원만하게 회향되어야 하는데 갑자기 적명 스 님께서 원적에 드셔서 당황스럽습니다. 대소사를 늘 적명 스님 과 상의했고 또 저의 고민을 풀어주시던 분이 바로 스님이셨는 데 이렇게 가시니 정말로 아쉽습니다. 개원하는 것을 보고 가셔 도 늦지 않는데 안타깝습니다."

의정 스님의 한마디 한마디에 아쉬움이 짙게 묻어 있었다.

"스님은 가셨지만 오는 2021년 가을에 세계명상마을이 여법 하게 문을 열수 있도록 최선을 다하겠습니다. 적명 스님께서 숙제를 주시고 떠났다 생각하고 더 열심히 챙기려 합니다."

적명 스님 입적 후 봉암사는 대중들의 공의를 모아 후임 수좌首座로 원로선원에 주석하고 계신 무문 스님을 추대했다.

"무문 스님은 평생 동안 선원에서 정진만 하셨고 어떤 소임도 맡지 않았던 분입니다. 몇 해 전에 적명 스님이 무문 스님께 여러 번 간청을 드려서 봉암사로 모셔왔습니다. 적명 스님은 노수좌 스님들이 안정감 있게 정진할 수 있는 원로선원을 만들면서 선원의 중심을 잡아주실 분으로 오랜 도반인 무문 스님이 적격이라고 생각하고 몇 차례 찾아 뵙고 청한 것으로 알고 있습니다. 무문 스님은 이번에도 봉암사 수좌 소임을 극구 사양하셨으나 대중들이 여러 번 간곡하게 말씀을 드려 추대했습니다. 평생 정진 외에 관심을 두시지 않는 분이시라 수좌로 모시겠다 하면 혹여 봉암사를 떠나실 수도 있겠다는 걱정도 했으나 나중에는 '봉암사가 흔들리면 그 책임은 나한테도 있다.'며 수락해 주셨습니다. 스님은 지금도 이전과 다름없이 하루 8시간 정진을 지켜가며 변함없는 모습으로 후배들의 귀감이 되어주고 계십니다."

의정 스님은 적명 스님을 '이 시대에 다시 만나기 어려운 진짜 수행자'라고 했다. 수행자로서 갖추어야 할 모든 것을 구비한 분이 바로 적명 스님이라는 것이다.

"적명 스님은 수행의 모든 것을 체험한 납자衲子이면서 이론에도 통달하셨습니다. 초기불교는 물론 대승과 선에도 매우 해박했습니다. 거의 마스터하셨다고 표현해도 좋을 정도입니다. 스님께서 가끔 '아무래도 나는 전생에 강사였나 봐. 책을 보면 그 내용이 그대로 머릿속에 정리가 된다.'라고 말씀하실 정도였어요. 리더십도 뛰어났습니다. 대중들을 이끄는 힘이 특별했습니다. 강자들에게는 엄청 강하셨고 약자들에게는 한없이 약한 분이었습니다. 또 정의감도 대단해 교단의 모순이 보이면 발언하는 것을 서슴지 않으셨구요. 최고의 선원이자 수좌들의 고향인 봉암사에서 당신의 법을 좀 더 펼치시지 못한 것이 많이 아쉽습니다."

운수납자의 표상

영진 스님

인제 백담사
무금선원 유나

설악산의 봄은 투명했다. 아직 눈이 남아 있는 봉우리 너머 너머까지가 시원하게 펼쳐져 있었다. 바람이 산을 넘나드는 기운은 자유롭고 힘이 넘쳤다. 설악산 안 백담계곡 물빛은 찬란했다. 백담百潭 하나하나에 생명이 스며들어 있었다.

백담사에는 설악의 기운을 고스란히 받은 수행처 무금선원無今禪院이 있다. 1971년 당시 조계종 종정이던 고암 스님이 신흥사 교구에 선원 건립의 원을 세웠고 이 뜻이 전법제자인 성준 스님에 이어졌으며 다시 백담사 조실 무산 스님이 원력을 이어 받아 1998년 무금선원을 열었다.

'무금'은 '무고무금無古無今'을 줄인 말로 '본래 성품은 맑고 고요해서 예도 없고 지금도 없다'는 뜻이다. '시간의 흐름이 멈춰버린 선원'이라고도 하고, '과거, 현재, 미래를 일거에 꿰뚫어 버리는 선원'이라고도 한다.

무금선원은 무문관無門關과 기본선원으로 이루어져 있다. 무문관은 말 그대로 폐문정진閉門精進하는 곳이다. 매 철 10여 명의 스님들이 사즉생死卽生의 각오로 정진한다. 두 평 크기의 독방 10칸의 문은 모두 바깥에서 잠겨 있다. 하루 한 번 오전 11시에 음식이 들어가는 공양구供養口만이 외부와 연결되는 유일한 통로다. 기본선원은 조계종의 기본교육기관으로서 행자교육을 마친 출가자들이 본격적인 수행에 들어가기 전 선의 요체를 배우는 곳이다.

어른스님들이
인정하는 수좌

백담사는 많은 사람들에게 만해 스님의 수행처로 인식되고 있다. 스님은 1905년 백담사에서 입산 출가해 깨달음을 얻었고 『조선불교유신론』과 『십현담주해』를 집필하였으며 '님의 침묵'을 발표하는 등 불교유신과 개혁은 물론 일제의 민족 침탈에 항거하는 독립운동을 했던 선지자였다.

그런 만해의 뜻을 이어받은 무산 스님은 오늘날의 설악산 불교를 연 중흥조라 할 수 있다. 평생 자유로운 언행으로 살면서도 수행을 게을리 하지 않았고 백담사 무금선원과 신흥사 향성

선원을 개원하는 등 설악산을 지키며 가라앉았던 선풍禪風을 진작했다. 스님은 지난 2018년 5월 26일 "천방지축 기고만장 허장성세로 살다보니 온 몸에 털이 나고 이마에 뿔이 돋는구나 억!"이라는 열반송涅槃頌을 남기고 입적했다.

영진 스님은 무산 스님에게 이른바 '스카웃' 됐다. 스님이 제방에서 정진 잘한다는 소문을 접한 무산 스님이 '십고초려' 끝에 무금선원 유나維那로 위촉한 것이다.

"1999년도에 무금선원 무문관에서 정진했습니다. 여기는 보통 해제 3일 전에 무문관 문을 여는데 당시 주지스님이 4일 전에 제 방의 문을 열어버렸습니다. 깜짝 놀라 밖으로 나가보니 무산 스님께서 와 계셔요.

'영진 스님이 누구요?' '예. 접니다.' '스님이 무문관에 방부를 들여서 그런지 요새 무금선원이 빛이 난다는 소문이 있습니다. 나중에 제가 설악산에 선원을 만들 것이니 그때 와서 소임 좀 봐주세요!'

이렇게 시작돼 몇 번을 더 말씀하셨습니다. 어른께서 말씀하시는 것이어서 계속 거절을 못하다가 2011년 가을에 이곳 백담사로 왔습니다. 그해 동안거부터 유나 소임을 맡게 됐습니다."

영진 스님은 "무산 스님은 그릇이 큰 어른이다. 이런 어른은 만나지 못했다. 스님의 자비로움은 깜짝 놀랄 정도다. 생전 주변의 많은 분들을 배려해 주셨다는 것은 이미 널리 알려져 있다. 수행력도 훌륭했다. 특히 선어록에 대한 통찰이 대단했다.”
고 회고했다.

무산 스님은 영진 스님이 머무는 처소에 ‘봉정당鳳頂堂’이라
는 현판을 내려줄 정도로 많이 아꼈다.

선원에서 유나라는 소임은 선원의 수행과 운영을 모두 책임
지는 직책이다. 총림叢林이 아님에도 선원수좌회에서 유나 소
임을 인정하는 유일한 곳이 바로 백담사 무금선원이다. 그리고
보면 적명 스님도 1970년대 통도사 극락암 호국선원에서 유나
를 맡았다. 두 분 다 남다른 수행력으로 어른들의 인정을 받
으며 후학들을 지도한다는 점이 비슷하다.

제1수좌 적명

1972년 김제 금산사에서 도영 스님을 은사로 출가한 영진 스
님은 그동안 봉암사, 해인사, 통도사, 기기암 등 전국의 선원에
서 정진해 왔다. 줄곧 화두참선을 해왔기에 적명 스님의 존재도
자연스럽게 알고 있었다.

“적명 스님은 오래전부터 선방에서 늘 ‘제1 적명’이었습니다.
저보다 윗세대 어른스님들도 모두 적명 스님을 많이 아끼셨어
요. 젊은 시절부터 정진 잘하기로 전국에 소문이 자자했었지요.

매년 비로토굴 마당 감나무에서 감을 따던 적명 스님

　스님께서 양산 천성산 비로토굴에 계실 때 처음 뵀던 기억이
납니다. 하늘같은 선배와 그렇게 만났습니다. 차에서 내려 한
시간 넘게 천성산을 걸어 올라갔어요. 토굴에 올라가니 꽃밭이
며 텃밭이 자로 잰 듯 줄 맞추어져 있었습니다. 토굴 생활은 조
금만 게을러지면 금방 티가 나게 마련인데 그렇게 깔끔한 토굴

을 본 적이 없습니다. 이어 스님께 선방의 현안이나 여러 문제들에 대해 상의를 드렸었죠. 그때도 스님께서는 명쾌하게 답을 주시곤 했습니다. 산중의 고민들이 스님을 만나면 깔끔하게 해소되곤 했습니다."

비로토굴에 혼자 살면서도 대중선원에서와 같이 오직 정진에만 힘썼던 적명 스님은 이곳에서 교도소에 들어간 일이 있었다. 혼자서 집을 지을 정도로 일머리가 좋아 토굴에 필요한 몇 그루 잡목을 베어낸 것이 산림법 위반에 해당한 것이다. 민원이 들어와 김해 교도소에 들어갔는데 처음엔 선처할 생각이었던 재판장이 논리로 하나하나 반박하는 적명 스님에게 "스님 잘 나셨습니다. 한 달 더 유치장에 계시라."며 가혹한(?) 판정을 내린 것도 적명 스님의 성정을 알 수 있는 대목이다. 교도소 안에 머무는 동안 함께 있던 재소자들이 스님을 에워싸고 이야기꽃을 피웠고 김해 교도소 생긴 이래 가장 많은 방문객들이 왔다고 하니 스님의 고집과 친화력이 어느 정도인지 엿볼 수 있는 일화다.

영진 스님이 조계종 기초선원장(현재의 기본선원장)을 맡으면서 적명 스님과의 만남은 잦아졌다. 백담사에 안착하기 전까지 기본선원은 대구 동화사에 있었다. 기본선원 학인스님들은 하안거와 동안거에는 일반 선원처럼 정진하지만 봄과 가을에는 교과안거가 진행된다. 말 그대로 주요 경전과 선어록 공부를 하는 것이다.

"구참 수좌스님들께서 선어록에 대한 법문을 해주시고 선학자들은 개론서 강의를 했습니다. 선방 어른들께서 법문을 해주시면 학인들이 신심 있게 공부를 합니다. 고우 스님께서 법문을 하신 뒤에 적명 스님도 모시려고 오대산 북대에 여러 번 찾아갔습니다. 그때마다 스님께서는 '다음에'를 말씀하셨습니다. 스님께서 은해사 기기암선원에 오셨을 때도 찾아갔습니다. 적명 스님은 '영진 스님이 이렇게 부탁을 하는데 안 할 수도 없고…. 참 난감하고만. 그래도 3년만 기다려줘.'라고 하십니다. 그래서 제가 '왜 3년입니까?'라고 여쭈니 '내가 올해 예순 여섯인데 3년만 더 하면 공부가 될 것 같네. 이 나이 먹고 내가 내 소리가 아닌 남의 소리를 할 수는 없지 않나!'라고 하셨어요. 이 말씀이 저에게는 너무 와 닿았습니다. 제 가슴을 쳤어요. 정말 진실한 분이라는 생각을 했습니다. 그리고는 다짐했습니다. '이 어른을 잘 모셔야겠다.'고 말입니다."

2003년 동안거에 영진 스님은 기기암선원에 방부를 들였다. 적명 스님을 모시고 함께 정진하고 싶어서였다. 스님은 정진 90일 동안 단 하루만 제외하고 매일 적명 스님과 같이 포행을 했다. 자연스럽게 많은 대화를 나누었고 서로를 알 수 있는 시간이었다.

영천 은해사 기기암 선원

　"기기암 대중들은 건의할 일이 생기면 저를 통해 적명 스님에게 말씀드렸고, 스님께서도 저를 통해 대중들에게 의견을 전하셨어요. 적명 스님께서는 '오로지 정진'이시니 대중들이 조금 힘들어했습니다. 대중들이 저에게 '가끔 자율정진도 할 수 있게 해 달라.'고 '민원'을 넣어 스님께 말씀을 드리니 예상대로 '안 된다.'였어요. 그래서 대중들이 좀 실망을 했습니다. 자율정진 없이 해제를 할 것 같다가 적명 스님이 설날 하루 자율정진 시간을 주셨는데 대중들이 굉장히 좋아했던 기억이 납니다."

어느 날 해제를 앞두고 적명 스님이 영진 스님을 불러 말했다.

"스님은 항상 '분배는 평등해야 한다.'고 하셨습니다. 어느 선방은 해제비가 많고 어느 선방은 적은 것을 못마땅해하셨지요. 저에게 '여기 기기암 해제비가 많은 것은 아니지만 그래도 상한선을 정해서 해제비를 주고 남은 돈은 형편이 어려운 선원에 보내자.'고 하셨습니다. 저도 적극 찬성했습니다. 대중들도 기꺼이 동참했습니다. 알고 보니 이미 스님께서는 그전 수도암에 사실 때부터 그렇게 해오셨더라구요. 3개월 결제가 끝난 후 두 달을 더 정진해서 그 동안 들어오는 공양금을 따로 모았구요. 그렇게 몇 년간 해제비를 모아 나중에 선원수좌복지회 설립 종자돈으로 내놓으셨습니다. 전부터 승려노후복지를 준비해야 한다는 말씀을 몇 번 하셨거든요. 그때 적명 스님의 혜안에 또 한번 놀랐습니다."

영진 스님은 기기암선원에 목욕탕 겸 화장실을 지을 때도 주지스님이 부담스러워 할까봐 당신 인연을 통해 불사를 마무리했던 분이 적명 스님이라며 이런 모습을 보면서 많은 것을 배웠다고 한다.

"당시 기기암은 계곡물을 물탱크에 저장해두었다가 식수와 생활용수로 사용했습니다. 물탱크가 지저분하면 대중들이 탈이 날 수 있으니 항시 신경을 써야 했지요. 그런데 물탱크에 크고 작은 문제가 계속 발생하는 겁니다. 그러자 스님께서 매일 아침저녁으로 직접 닦고 관리하셨어요. 궂은일은 본인이 하고 대중들은 정진에만 힘쓰도록 하셨습니다.”

고집스러울 만큼
강력한 신념

적명 스님이 봉암사 수좌로 추대된 뒤 영진 스님도 봉암사에서 세 철을 같이 정진했다. 적명 스님이 선방의 중심을 잡자 봉암사는 종립선원의 면모를 다시 갖추기 시작했다. 납자들의 발걸음이 이어졌고 참배하는 불자들도 늘어났다.

  적명 스님은 전과 같이 대중생활 원칙을 이어갔다. 물론 수행이 중심이었고 적명 스님도 대중들과 꼭같이 정진했다. 선원의 대소사는 대중들과 의논했다.

  “스님께서는 중요한 현안에 대해서는 항상 대중에게 의견을 물었습니다. 법랍 20년 이상의 스님들로 구성된 ‘상판회의’를 통해 뜻을 모았지요. 그런데 가끔 스님의 뜻과 대중들의 의견이 맞지 않으면 역으로 스님께서 대중들을 설득하려 하셨어요. 대중들이 선뜻 동의를 못하면 토론이 계속될 때도 있었습니다. 제가 볼 때 큰 차이가 있는 것이 아니어서 대중들에게 수좌스님 뜻에 따르는 것이 어떻겠느냐고 중재를 하기도 했어요. 산중에

2013년 동안거 봉암사 용상방

서는 어른이 구심점이 되어야 하거든요. 어른이 사심 없이 하시는 말씀이라면 대중들이 따르는 것이 도리이기도 하고요.

다만 회의가 끝나면 제가 스님께 개인적으로 항의(?)를 하죠. '스님 생각이 그러시면 대중 의견을 묻지 않아도 되잖아요?'라고 말입니다. 어리광 비슷하게 말씀을 드리면 스님께서 웃으시며 말씀하십니다. '내 별명이 뭔지 알지?' '네?' '사람들이 호메이니라고 하더군. 이것이 고자세라고 고자세. 하하.' 호메이니라는 별명은 이란의 독재자를 빗댄 말인데 아무튼 그만큼 고집이 세다는 것입니다. 적명 스님의 말씀이 틀린 것은 없었습니다. 그래도 대중들의 뜻을 수용해줘야 숨통이 터집니다. 그런 부분에서는 좀 아쉬운 점들이 있었습니다."

약간 결이 다르지만 적명 스님의 고집은 법문에서도 이어졌다. 봉암사 안에서만 대중법문을 한다는 소신이 지켜진 것이다.

"성철 큰스님께서도 가야산 해인사에서만 법문을 하셨습니다. 하지만 그 울림은 전국의 불자들에게 고스란히 전해졌어요. 적명 스님께서도 당신의 원칙을 끝까지 지켰습니다. 봉암사를 명실상부한 '수좌들의 고향'으로 만들기 위한 것이었다고 생각됩니다. 물론 불자들의 요청을 마다않고 전국에 법문을 다니시는 스님들의 역할도 매우 소중합니다."

수좌首座로 대중을 제접하겠다는 고집도 변하지 않았다. 봉암사 안팎에서는 적명 스님을 조실祖室로 추대해야 한다는 요청이 계속됐다. 이번에도 영진 스님이 총대를 멨다.

"제가 죽비를 잡았던 철이었습니다. 해제 전날 자자自恣를 마치고 대중들과의 교감 끝에 스님을 큰방에 모시고 말씀을 올렸습니다. '대중의 이름으로 스님을 조실로 추대하겠습니다.' 말씀을 듣던 적명 스님은 물러서지 않으셨어요. '고우 스님과 나는 이미 오래전에 조실 같은 소임을 맡지 않기로 약속을 했네. 만약 내가 조실을 안 해서 봉암사가 잘못된다면 하겠지만 우리 대중들이 이렇게 잘 사는데 그런 일이 있겠어?'라고 말씀을 하셨어요. 결국 스님을 조실로 모시지 못했습니다."

'한 고집' 했지만 적명 스님의 방문은 항상 열려 있었다. 토론과 대담을 마다하지 않는 적명 스님은 영진 스님에게도 '자문 아닌 자문'을 더러 구했다.

한 번은 적명 스님이 영진 스님을 불렀다. 적명 스님은 종이 뭉치 두 개를 내밀었다. 적명 스님의 메모노트였다. 하나는 '연기緣起'에 관한 내용이었고 하나는 '청정도론'에 관한 것이었다. 노트를 본 영진 스님은 적명 스님의 안목에 다시 놀랐다.

며칠 뒤 영진 스님은 현응 스님을 만나 대화를 나누던 중 적명 스님의 노트에 관한 이야기를 전했다. 현응 스님은 "그것을 구해서 열람해도 되겠습니까?"라고 바로 반응했다.

다시 며칠 뒤 적명 스님과 영진 스님을 비롯해 도법, 현응, 수불, 학담, 종호, 동명, 원택 스님 등이 서울 전등사에 모였다. 적명 스님의 노트를 이미 보고 온 참석자들은 쉴 새 없이 질문을 던졌다.

"적명 스님은 토론의 달인입니다. 어떤 질문도 사양하지 않는 스타일이에요. 시간이 너무 길어지니 나중에 적명 스님이 '내가 이 자리에 잘못 온 것 같다'고 하실 정도로 열띤 토론이 진행됐습니다. 제가 알기로 그 후에도 적명 스님을 모시고 여러 스님들이 모여 공부에 대해서 토론하고 또 종단 현안에 대해서도 많은 이야기를 나눴다고 들었습니다."

영진 스님은 적명 스님을 '존경받아야 할 운수납자의 표상'이라고 단언했다. 삶 자체가 오로지 수행자였다.

"적명 스님께서 생전에 자주 하셨던 말씀이 생각납니다. 스님께서는 항상 수좌의 자긍심과 자존심을 강조하셨어요. '한 철 정진이 끝나면 바랑을 싸서 떠나는 자유로움, 항상 깨어있는 마음이 얼마나 좋으냐.'고 하셨습니다. 아직도 스님께 여쭈어야 할 것이 많은데 그렇게 떠나시리라고는 생각을 못했습니다. 이제는 남은 우리가 더 열심히 정진하는 길만이 스님의 당부를 잇는 것이라 생각합니다."

이 시대 마지막 수좌

명진 스님

'(사) 평화의 길'
이사장

명진 스님은 항상 재미있다. 모여든 사람들의 웃음소리가 끊이지 않는다. 알맹이 없는 농담이 없다. 스님에겐 진지함도 있다. 무게가 있는 진지함이다. 불교 안팎의 부조리에 대해서는 일말의 망설임도 없다. 지위고하를 막론하고 스님에게 회초리를 맞지 않은 정치인이 없다.

명진 스님이 문경 봉암사로 간다고 해서 서둘러 움직였다. 더 없이 맑고 청명한 봄날에 한겨울 삭풍을 만나 보니 역시 봉암사였다. 스님은 여전히 유쾌했다. 거침없는 말씀에 숨이 넘어갔다.

스님의 '저돌성'은 출가할 때부터 아니 태어날 때부터 지니고 있었던 것임에 틀림없다. 스님은 고교를 졸업하고 입산했다. 1969년의 일이다. 출가했다가 환속한 사촌형이 "대학에 보내줄 테니 절에 가서 공부하라."고 한 것이 시발점이 됐다. 무주

관음사에서 만난 한 스님에게 들은 "세상사를 다 안들 '나'를 모르면 무슨 의미가 있느냐?"는 말씀이 가슴에 박혀 있던 터였다.

사촌 형님이 써준 소개장을 들고 해인사로 갔다가 백련암으로 올라가 성철 스님을 만났다. 마치 이제 막 입대한 훈련병이 국방부장관을 만나 일합—슴을 겨룬 것과 같았다. 몇 시간의 대화 끝에 성철 스님의 '낙점'을 받고 백련암 행자가 됐다. '원일圓日'이라는 법명까지 받았지만 산을 내려왔다.

얼마 후 군대를 갔다. 베트남전 참전까지 했다. 제대하고 난 뒤 동생도 군대에 갔다. 누구보다 소중했던 동생이 군대에 가서 돌아오지 못했다. 동생의 부재로 인한 극심한 고통 속에 다시 출가했다. 스님은 1974년 10월 보은 법주사에서 탄성 스님을 은사로 계戒를 받았다. "법주사 어른스님들이 서로 상좌 삼으려 애쓰셨는데 당시 주지였던 은사스님만 '소 닭 보듯'해 기어이 상좌가 되고 말았습니다."

봉암사는 한국불교의 마지막 보루

명진 스님은 1975년 순천 송광사에 첫 방부를 들였다. 오로지 공부에만 집중했다. 첫 철을 잘 마치고 법주사로 돌아와 선방에서 공부를 이어가다 만행에 나섰다. 바랑을 메고 속리산을 넘어 희양산까지 왔다. 저녁 버스를 타고 봉암사로 향했다.

"그때가 아마 8월 보름 즈음이었습니다. 어찌나 달빛이 밝던지 정말 극락에 온 듯 했어요. 봉암사에 거의 도착할 때쯤 기사 아저씨가 버스 불을 다 꺼줬어요. 깜깜한 버스에서 하늘을 보니 더 찬란했습니다. 버스에서 내려 봉암사로 가는 길도 마찬가지였습니다. 달빛이 쏟아졌어요. 계곡의 물소리를 들으며 걷는데 온 몸에 소름이 돋았습니다. 그 늦은 저녁에 봉암사에 도착하니 스님들이 축구를 하고 있어요. 달빛 속에서 뛰어다니는 스님들의 모습을 보면서 '여기가 내 고향이다'는 생각이 절로 들었습니다. 그때 봉암사는 전각도 몇 채 없었고 모든 형편이 시원치 않았습니다. 그래도 스님들은 각자의 공간에서 열심히 정진했습니다. 어떤 스님은 밭에서 일을 하고, 어떤 스님은 경전을 보고 또 어떤 스님은 등산을 했어요. 어느 누구도 서로의 일에 간섭하지 않았습니다. 너무나 평화로운 모습이었습니다."

이후에도 명진 스님은 안거 때마다 선원에서 정진을 이어갔고 1970년대 후반과 1980년대 초에도 봉암사에서 정진을 계속했다.

"아마 1981년경이었던 것 같습니다. 하안거 결제하고 3일쯤 지났는데 대학생 50여 명이 단체 야영을 왔습니다. 일반 야영지에 온 것처럼 너무 자연스럽게 학생들이 들어와요. 봉암사 바

로 앞에 텐트를 치고 소리를 지르며 놀던 모습을 보고 당시 주지 도범 스님이 학생들에게 '여기는 절 경내이니 조용하게 놀다가 가는 게 좋겠다.'고 타일렀습니다. 젊은 대학생들이 도범 스님 말을 들을 리 없죠. 스님이 몇 번 타일러도 말을 안 듣기에 저와 몇몇 스님들이 텐트를 다 걷어내 버렸습니다. 곡괭이로 깨고 부쉈죠. 하필 그때 수좌들 중 힘 좀 쓴다는 스님들이 봉암사에 많이 살았어요. 하하. 스님들이 강하게 나오니 학생들은 허겁지겁 짐을 챙겨 봉암사 저 아래로 내려갔습니다. 내려가서도 밤새 노래 부르고 노는데 가만 둘 수 없겠다는 생각이 들었습니다.

그래서 다음날 아침공양을 하고 대중공사를 열었습니다. 저를 비롯한 몇몇 스님들이 이대로는 더 두고 볼 수 없다며 산문을 폐쇄해야 한다고 주장했습니다. 스님들 의견이 엇갈렸어요. 몇몇 소장파 스님들과 논의를 해 오후에 다시 대중공사를 열었습니다. 그때 산문폐쇄를 결의했습니다. 그전까지 봉암사는 놀러오는 대학생들뿐만 아니라 등산객, 지역 주민이 뒤엉켜 난리가 아니었습니다. 스님들이 수행처를 지키기 위한 고민을 하지 않을 수 없었습니다.

봉암사 자체적으로 산문폐쇄를 결의하고 해인사로 가 성철 큰스님께 보고를 드리니 아주 좋아하셨습니다. 큰스님께서는 '그렇게만 된다면 1년 중 절반은 해인사에 있고 나머지 절반은 봉암사로 가겠다.'고 말씀하실 정도로 격려를 해주셨습니다."

대중결의로 산문폐쇄가 결정되자 스님들은 봉암사 입구에 바리케이트를 쳤다. 그래도 사람들은 몰려왔다. 희양산의 멋진 풍경을 놓치고 싶지 않았기 때문이다. 명진 스님은 서울로 올라가 언론의 힘을 빌렸다. 대형 일간지에 봉암사 스님들의 수행이야기가 나왔고 그 신문을 복사해 문경 시민들에게 돌렸다.

"여기까지 진행한 후 종회에 올라가 봉암사 산문폐쇄의 필요성과 정당성을 강조했고 종단은 종립수도원과 종립특별선원으로 봉암사를 지정했습니다."

봉암사는 그렇게 조계종단의 종립 수행처가 되었다. 봉암사와의 인연을 지속적으로 이어가던 명진 스님은 1994년 종단개혁 직후 열린 중앙종회에서 300만원이던 봉암사 예산을 5000만원으로 대폭 증액시켰다. 서울 봉은사 주지 소임을 볼 때는 자체 예산 1억원을 편성해 봉암사를 지원하기도 했다.

"봉암사는 한국불교의 마지막 보루입니다. 스님들이 수행에만 집중할 수 있도록 해야 합니다. 결사의 역사와 전통이 있는 봉암사가 특별선원의 위치를 공고히 해야 한다는 생각 하나로 저 나름대로 역할을 했던 것뿐입니다."

명진 스님의 봉암사에 대한 애정은 적명 스님의 그것과 다르지 않았다. 스님은 본격적으로 적명 스님과의 인연을 되짚기 시작했다.

봉암사 금색전 뒤로 희양산이 우뚝하다

선원의 수행풍토에 대한
고민

명진 스님은 1984년 해인사에 머물 때 지명수배 된 운동권 청년이 가져온 광주항쟁 비디오를 본 뒤부터 사회운동의 길을 걷기 시작했다. 1985년 봉은사에서 열린 '10·27 법난 규탄대회' 때 투옥되면서 '운동권 스님'이라는 별칭을 얻게 됐고 1987년 민주화운동 때에는 불교탄압대책위원장을 맡았다. 1994년 조계종 종단개혁 때에는 "개혁이 이루어지지 않으면 승복을 불사르겠다."며 사자후를 토하기도 했다.

"제가 적명 스님을 처음 만난 때도 1980년대 말이었습니다. 제 윗세대 선배스님들 중에서 후배들에게 두루 존경받는 분이 적명, 종수, 대선 스님이었습니다. 그중 '항상 첫 번째'라고 여겨지던 적명 스님을 만난 것이죠. 지리산의 한 토굴에서 수경 스님, 도법 스님, 연관 스님 등과 함께 처음 인사를 드렸습니다. 수경 스님은 적명 스님을 깍듯이 모셨고 도법 스님은 적명 스님과 만나기만 하면 토론으로 밤을 새웠습니다. 적명 스님은 굉장히 이론적이고 논리적입니다. 저는 단도직입 스타일인데… 스님은 할아버지가 손자를 대하듯 자상하게 설명하시는 분입니다. 평온한 얼굴로 조근조근 말씀하시는 분이었어요.

하여튼 전부터 수행 잘하는 분으로 명성을 듣고 있다가 처음 뵈었습니다. 반듯하지만 고집이 셀 것 같은 인상이었어요. 사실 스님이 굉장한 고집쟁이라는 얘기도 함께 들어서인지 첫 느낌이 더 그랬나 봅니다. 적명 스님이 사람을 만나면 친밀감의 표시로 스킨십을 잘 하십니다. 처음 만난 저에게도 스킨십을 하시려 해요. 그래서 제가 '스님! 지금 어디로 손이 올라갑니까?'하고 정색을 했죠. 옆에 있던 수경 스님이 '잘했어!'라고 해서 함께 있던 대중들이 다 같이 웃었습니다."

첫 만남 이후 명진 스님은 자주 적명 스님을 만날 기회가 있었다. 세상과 종단에 대한 이야기, 수행에 관한 대화가 끊이지 않고 계속됐다. 적명 스님과 명진 스님은 특히 선방의 수행풍토를 걱정하는 이야기를 많이 나눴다고 했다.

"우리 불교에서 어느 순간 선禪이 도그마(dogma)가 되어버렸습니다. 그냥 무조건 믿는 '이념'이 되었어요. 이것은 부처님 가르침과 전혀 맞지 않습니다. 살불살조殺佛殺祖라는 말이 있잖아요. 부처님의 가르침은 그 어떤 것에도 얽매이지 않아요. 왜 그렇게 오랫동안 공부를 해도 도인이 나오질 않습니까? 공부를 할수록 이상해지냐고요. 또 수좌가 언제부터 이렇게 비굴해졌습니까? 전에는 주지 하는 것을 무슨 죄 짓는 것으로까지 생각했어요. 그런데 지금은 어떻습니까? 마치 주지 못한 스님들이 선방에 모여 있는 것 같아요. 이래서 되겠습니까? 선에 갇히고

불교에 갇히면 그곳이 바로 감옥입니다. 감옥이 따로 있는 것이 아닙니다."

명진 스님의 목소리가 점점 커졌다.

"제가 이런 말씀을 드리면 적명 스님께서는 전적으로 동의한다고 말씀하셨습니다. 스님은 항상 '수좌의 품격'을 강조하셨어요. 그나마 선방에 살아있던 칼 같은 기상도 없어졌어요. 스님께서는 이런 부분을 많이 아쉬워하셨습니다. 인간혁명 선언이라고 할 수 있는 부처님 가르침과 선의 요체가 길을 헤매고 있는 것에 대한 걱정이 크셨죠. 적명 스님께서는 대화의 마지막에 항상 '데모하느라 바쁜 사람이 그래도 생각은 하고 사네! 그래도 책 좀 봤네?'라고 하셨어요. 제가 '초등학교 때 이미 생각했던 것'이라고 말씀드리면 '저 허풍은 여전해.'라며 웃으시곤 했습니다."

당신은 정말 멋진 사람

스님은 어쩌면 적명 스님이 우리 시대 마지막 '진짜 수좌'일지 모른다며 말씀을 이어갔다.

"1977년 박정희 대통령이 해인사에 왔을 때 저도 해인사에 있었습니다. 부마고속도로 개통식을 마치고 가족들과 함께 왔던 것이 기억납니다. 박대통령이 성철 큰스님을 만나고 싶다고 했죠. 사중에서는 성철 큰스님이 백련암에서 어서 내려오시길 기다렸습니다. 대중들의 기대와 달리 큰스님이 한 말씀 하셨어요. '보고 싶은 사람이 올라와야지 내가 왜 내려 가노? 나는 산에 사는 중인데 대통령 만날 일이 없다 아이가!' 이런 당당한 품격을 갖춘 수좌가 지금 어디 있습니까? 성철 큰스님께서는 선승들의 권위를 지켜주셨습니다. 수좌들의 지도자로서 세속의 최고 권력을 멀리 함으로써 산중의 자존심을 지켜냈습니다.

서암 스님이 입적하시고 다음 봉암사 조실祖室을 모실 때 논의가 분분했습니다. 그때 가장 많은 추천을 받은 분이 인천 용화사 선원장 송담 스님이세요. 대중들이 버스를 타고 용화사로 올라가 조실 추대 수락을 요청 드렸습니다. 후학들에게 공부를 지도해 달라고 간곡히 청을 드렸어요. 송담 스님께서는 정중히 거절하시는 말씀을 하셨습니다.

'저 같은 사람에게 조실 자리를 청하는 것은 정말 고마운 일입니다. 큰 영광이지만 저는 아직 조실이라는 이름을 달 수 없습니다. 저는 아직도 수행중입니다. 마음만은 고맙게 받아들이고 더 열심히 정진하겠습니다.'

송담 스님이 거절하시자 봉암사 소임자들이 다시 용화사로 갔습니다. 안 만나 주셨어요. 세 번째도 마찬가지였어요. 스님이 안 만나 주시니 저라도 용화사에 가겠다는 생각으로 1997년

구산선문 희양산 봉암사 태고선원 2013년 동안거 결제기념
앞줄 가운데 적명 스님, 왼쪽에서 두 번째 명진 스님

부터 2001년까지 5년 동안의 하안거를 용화사 선방에서 보냈습니다. 그렇게 하고 나서야 송담 스님과 이런 저런 말씀을 나눌 수 있었습니다.

적명 스님도 마찬가지입니다. 스님은 정말 양심적인 수행자입니다. 세월이 쌓였으니 공부에 있어 '뭔가 됐다'는 것을 나타내고 싶은 마음이 있을 수도 있었을 텐데 절대 그런 것이 없는 분이셨습니다. 공부에 대해서만큼은 정말로 진실하고 솔직한 분이었습니다. 아니 공부뿐만 아니라 스님의 모든 것이 그랬습니다. 조실이나 방장을 못해 안달 난 스님들로 가득한 세상에 이런 수행자가 어디 있겠습니까? 제가 한 번은 스님께 '이제 조실을 하셔도 된다.'고 강하게 말씀을 드린 적이 있습니다. 적명 스님은 예상대로 '이 사람 또 쓸데없는 소리 하네!' 그러세요. 몇 번 실랑이를 했죠. 그때 제 가슴 속에서는 '당신은 정말 멋진 사람입니다'는 말이 울려 나오고 있었습니다."

이처럼 수행에 대한 확고한 원칙 만큼이나 후배들을 확실하게 챙기는 사람도 적명 스님이었다. 명진 스님이 봉암사에서 살 때의 일이다.

"봉암사 선방에 살면서 보니 모든 대중들이 싫어하는 스님이 있었어요. 온갖 사고를 쳐서 대중생활이 안 됐습니다. 참다 못해 그 스님을 내보내야 한다고 여러 번 간청을 드렸습니다. 적명 스님은 꿈쩍도 안 해요. '여기서 내보내면 저 스님은 어디

2012년 8월 당시 문재인 대통령 후보와 인사를 나누는 적명 스님과 명진 스님

서 살겠느냐?'면서요. 또 몸이 아파 엄청 고생을 한 수좌가 있었습니다. 누구한테 들었는지 하루는 그 수좌를 불러서 천만 원을 주셨어요. 스님은 '공부도 좋지만 몸도 잘 살펴야 한다.'며 어서 병원에 가서 치료를 받으라고 하셨답니다. 그런 따뜻한 품성이었기에 수좌복지기금도 맨처음 제안하셨지요."

명진 스님은 얼마 전부터 강원도 대관령 토굴에 주석하고 있다. 한 달에 한번 '단지불회' 법회를 통해 대중들과 소통을 이어가면서 유튜브 방송 '명진TV'도 개설해 온라인 소통도 지속하고 있다.

"그래도 저 같은 후배가 맘 편하게 이야기를 나눌 수 있었던 선배가 적명 스님입니다. 수행자로서의 삶과 공부 자세를 갖추셨고 세상일에 대한 관심과 애정도 많으셨어요. 종단과 선방을 혁명적으로 바꿔야 한다는 생각도 항상 가지고 계셨고 이를 위해 직접 뛰어다니기도 하셨습니다. 스님의 부재가 아직도 믿기지 않지만 저 역시 적명 스님처럼 불교의 오늘과 내일을 위해 뭔가를 해봐야 할 것 같습니다."

우리 시대를 대표하는 선사

원타 스님

해인총림 유나

가야산 초입에 들어서니 '자기를 바로 봅시다'라고 쓰인 현수막이 먼저 눈에 들어온다. 드디어 해인사에 도착했다는 게 실감나는 지점이다. '자기를 바로 봅시다'는 성철 스님이 대중들에게 가장 강조했던 말씀이었다.

청량사는 해인총림 유나 원타 스님의 주석처이다. 산철에는 청량사에서 후학들을 제접하고 안거 때는 총림 선원에서 대중들과 같이 정진하고 생활한다. 어디에 있든 변함없는 원타 스님의 모습 그대로다. 스님이 주석하고 있는 무제당無際堂을 찾았다. 원타 스님은 언제나 그렇듯 온화한 미소로 객을 맞아 주었다.

"이제 절이 제법 커지면서 앞으로는 사람들이 언제라도 와서 기도하고 정진하는 공간, 성철 큰스님의 가르침대로 공부하는 사찰로 만들어 보려 하고 있습니다."

원타 스님의 어릴 적 꿈은 스님이었다. 예전이나 지금이나 할 것 없이 어린이의 일반적인 꿈과는 한참 거리가 먼 '장래 희망'이다.

"어렸을 때부터 불연佛緣이 깊었나 봅니다. 어머니를 따라 절에 오랫동안 다녔고 또 집에 있을 때는 혼자 뒷동산에 올라 염불을 하기도 했어요. 제가 천주교 종립 고등학교에 다녔는데 당시 학교에 계셨던 수사님과 많은 이야기를 나눴습니다. 수사님께 '출가해 스님이 되고 싶다.'고 말씀드렸더니 곧바로 성철 큰스님께 소개장을 써 주셨습니다. 그 수사님은 큰스님께 참선을 배우셨던 분입니다. 그렇게 인연이 이어져 1973년 가을에 처음 백련암으로 갔습니다."

원타 스님은 3일간 백련암에 머물며 절의 풍경과 스님들의 모습을 '견학' 했다. 성철 스님도 친견했다.

"큰스님은 정말 위풍당당한 모습이셨어요. 큰 눈에 조금 마른 체형이셨습니다. 뭔가 모르게 사람을 끌어당기는 강한 기운이 느껴졌어요. 또 따뜻한 모습도 있었어요. 큰스님을 뵙고 '저분에게 공부를 배우면 좋겠다'는 생각이 절로 들었습니다."

백련암에서 3일간 머문 스님은 한 달이 지나 다시 돌아왔다. 출가를 위해서다. 성철 스님께 인사 드리고는 바로 머리를 깎고 출가수행자의 길을 시작했다.

"당시 백련암 분위기는 너무 좋았습니다. 큰스님을 제외하고 사형사제 스님들끼리도 하대를 하지 않았어요. 또 보시가 들어오면 행자에게 먼저 줬습니다. 필요한 물품을 행자가 먼저 챙기고 나머지를 스님들이 쓰셨습니다. 큰스님께서 봉암사 결사를 하실 때에도 대중공양이 들어오면 필요한 사람이 먼저 물건을 쓰도록 했다고 하는데 그 가풍이 백련암에도 이어진 것입니다. 또 울력이 있으면 전체 대중이 게으름 피우지 않고 서로 도와가며 일을 했습니다. 지금 생각해도 대중들이 참 잘 살았던 것 같습니다."

원타 스님은 사형사제들과 함께 능엄주와 108참회문을 외우고 일본어를 공부해 성철 스님이 내려주는 '교재'로 공부했다. 황벽 스님의 『전심법요』와 도원 선사의 『정법안장』을 특히 인상 깊게 읽기도 했다.

"성철 스님께서 말씀하신 것 중의 핵심은 역시 '견성성불見性成佛'입니다. 수행자의 지상최대 목표는 바로 견성성불이라고 여러 차례 강조하셨습니다. 그래서 제자들에게 부지런히 참선하라고 하셨어요. 또, 공부가 깊어져도 오매일여寤寐一如가 아니면 공부가 덜 된 것으로 알고 더 열심히 해야 한다고도 하셨습니다. 저는 아직까지 공부에 대해 뭐라 드릴 말씀이 없습니다. 이번 생에 밥값을 해야 하는데 어떨지 모르겠습니다."

"적명이가
수좌 아이가"

원타 스님은 백련암에서의 '혹독한' 단련을 거쳐 1975년 동안 거부터 선방에서 정진했다. 원타 스님이 적명 스님을 처음 만난 때는 1976년 하안거였다. 적명 스님이 해인사 선원의 입승立繩을 맡은 것이다.

"처음 적명 스님을 만날 때부터 '멋쟁이'라는 생각이 들었어요. 남자답고 씩씩하고 당당했고 꿋꿋한 모습이었습니다. 흐트러짐도 없었고요. 저도 한창 신심 나서 정진을 할 때라 적명 스님의 모습이 더 눈에 들어왔습니다. 그때 해인사 선원은 다소 자유로운 분위기였습니다. 그럼에도 스님은 수행자의 틀에서 조금도 벗어나지 않으면서 항상 자신감 넘치는 수좌였습니다. 저를 비롯한 후배들에게 '세상에서 최고로 가치있는 삶이 바로 수행자의 삶이다. 후회 없는 생활을 하자.'고 당부하기도 했습니다."

이는 평소 성철 스님의 가르침과 한치도 다르지 않았다. 때문에 원타 스님은 선배 적명 스님의 얘기에 더욱 공감할 수 있었다. 당시 30대 중반에 불과했던 적명 스님은 총림 선원의 입승을 맡으며 일찍부터 두각을 나타냈다.

"성철 큰스님도 그렇고 적명 스님도 리더 기질을 타고나신

김천 수도암 선원

분입니다. 성철 큰스님께서는 30대 중반에 역사적인 봉암사 결사를 이끌었고 적명 스님 역시 30대 중후반부터 입승 등의 소임을 맡아 대중들을 잘 살폈습니다. 이런 부분은 쉽게 만들어지는 것이 아닙니다. 두 분 모두 대중들을 이끄는 것에 있어서는 확실히 다른 스님들과 달랐습니다."

원타 스님은 1981년 동안거 때 김천 수도암선원에서 적명 스님을 다시 만났다. 조계종 종정을 지낸 법전 스님이 선원을 이끌었고 적명 스님 역시 입승으로 25명 안팎의 대중들과 함께 호흡했다.

"적명 스님은 결제 한 달 전에 미리 선원에 들어와 동안거 준비를 하셨습니다. 기계톱을 사서 땔나무 준비를 다 해놓으셨어요. 안거가 시작되고 전 대중들이 매일 오후에 한 시간씩 울력을 해서 나무를 날랐습니다. 어디서나 솔선수범하는 수행자가 바로 적명 스님이었습니다."

수도암에서 정진을 마친 원타 스님은 다시 해인사로 돌아갔다. 가서 보니 성철 스님과 혜암 스님에 의해 적명 스님이 선원장으로 발탁돼 있었다.

"스님께서는 선원장 소임을 맡으면서 전보다 더 대중생활을 중시하셨고 철저한 수행자의 삶을 살았습니다. 그때까지 해인사에서는 모든 대중이 3일씩 정초기도를 했는데 적명 스님이 선방 수좌들은 기도 대신 정진하는 것으로 대체하였습니다. 정초기도는 다른 대중들이 해도 된다고 하면서요. 그만큼 수행을 우선시하는 면이 컸습니다."

적명 스님이 당시 선원장을 맡으면서 바뀐 부분이 적지 않았다. 그중에서도 눈에 띄는 것은 현재의 선원 방함록을 적명 스님과 원타 스님이 만들었다는 것이다.

"그 전까지만 해도 종단에서 방함록을 만들었습니다. 거기에는 선방뿐만 아니라 절의 모든 대중이 이름을 올렸습니다. 그러다 보니 다소 복잡하고 정리가 잘 안됐습니다. 적명 스님께서 선원 서기를 맡고 있던 저를 부르시더니 선원 수좌 중심의 방함

177

록을 따로 만들자고 하셨어요. 그래서 지금 나오는 형태의 방함록을 만들기 시작했습니다. 책을 만들 줄 아는 스님들이 함께 손을 보탰습니다.”

성철 스님의 각별한
아낌을 받다

해인사 선원장으로 대중들과 정진하던 적명 스님은 몇 철을 살고 난 뒤 다시 바랑을 챙겼다. 스님이 해인사를 떠나 다른 수행처로 가려 한다는 소식은 성철 스님에게 전해졌고 적명 스님은 백련암으로 부름을 받았다.

성철 스님은 적명 스님에게 몇 철 더 소임을 볼 것을 주문했다. 워낙 강력한 ‘명령’이어서 거부하기 어려웠으나 적명 스님이 답했다. “어머니가 편찮으셔서 제가 모셔야 합니다.” 성철 스님이 다시 운을 뗐다. “그럼 이리로 어머니 모시고 와. 산내 비구니 암자에 계실 수 있도록 할 것이니 어서 모셔와!”

워낙 깔끔한 성품으로 알려진 적명 스님은 사중에 부담 주는 것이 불편했을 터, 성철 스님의 제안을 받아들이지 않고 해인사를 내려오기로 했다. 하지만 적명 수좌를 생각하는 성철 스님의 마음을 알 수 있는 대목이다.

원타 스님은 지금도 기억에 남는 장면이 있다고 했다.

"큰스님께서는 수좌 가운데 혜암 스님과 적명 스님을 많이 아끼셨습니다. 대중들에게 두 스님을 귀하게 생각하라고 당부하실 정도였어요. 저에게도 가끔 말씀하셨어요. '적명이가 수좌 아이가?' 저 역시 너무나 공감되는 말씀이었지요. 적명 스님 역시 '수좌'라는 자부심이 대단했습니다. 성철 큰스님의 '수좌론'을 그대로 실천하신 분이 적명 스님이지 않을까 생각됩니다."

실제 적명 스님도 자신에게 가장 많은 영향을 준 어른으로 성철 스님을 꼽았다. 널리 알려져 있는 '대승비불설'과 관련된 일화가 있다.

적명 스님은 출가 이전부터 참선을 했고 대승경전을 많이 읽었다. 경전 속에 등장하는 부처님과 사리불 이야기 대목에서는 벅찬 감동으로 제대로 읽지 못할 정도로 경전의 이야기를 부처님 실제 생애로 알고 환희심을 가졌다고 한다. 특히 능엄경은 정진하면서 실제 체험한 내용들이 상세히 적혀 있어 더 신심나게 수행할 수 있었다.

그런데 어느 날 도반들로부터 대승 경전이 위경이라는 말을 듣게 된다. 당신을 출가에의 길로 이끌었고 이후에도 공부의 지침이 되어주고 있는 경전이 위경이라니 적명 스님은 더 이상 승려생활을 해야 하나 고민할 정도로 회의감이 밀려 왔다. 겨우 방황을 끝내고 다시 공부에 매진했으나 의심의 뿌리가 없어지지 않던 중 당시 선교를 겸비한 선지식으로 소문이 자자했던 성철 스님을 찾아 뵌 것이다.

스님은 28세 되던 해 백련암으로 성철 스님을 찾아 뵙고 바로 여쭈었다.

"스님, 대승비불설大乘非佛說을 어떻게 생각하십니까? 부처님 사상과 수행방법을 담고 있는 능엄경이 위경이라는 말을 들었습니다. 그러면 능엄경을 공부할 필요가 없는 것인지요?"

성철 스님은 젊은 수좌의 질문에 시원하게 답했다.

"대승경전을 부처님이 직접 말씀하지 않았다는 것은 사실이지. 하지만 대승사상이 부처님 사상이 아니라는 것은 모르고 하는 소리다. 초기경전의 내용은 사성제, 8정도, 12연기, 중도 사상이 핵심이다. 대승불교의 백미는 법화경과 화엄경인데 역시 핵심은 중도사상이다. 초기불교와 대승불교 사상이 중도라는 하나의 대원칙으로 회통하고 있기 때문에 대승불교 사상이 부처님 사상이 아니라는 것은 무지의 소치다. 이것을 명심하고 수행해야 한다."

성철 스님의 명확한 말씀을 듣고 적명 스님은 경전에 대한 안목을 다시 챙기고 재발심하게 되었다.

'수좌'와 '주지'
환상의 조합

원타 스님과 적명 스님은 해인사 선원에서 함께 정진한 이후 가끔 만나긴 했지만 선방에서 같이 정진하지는 않았다. 두 스님이 다시 만난 곳이 바로 문경 봉암사다.

원타 스님은 조계종립 특별선원 봉암사 주지를 2001년과 2009년 두 차례 역임했다. 대중들에 의해 추대되는 봉암사 주지를 두 번이나 한다는 것은 그만큼 대중들의 신뢰가 크다는 반증이기도 하다.

"첫 소임은 어른스님들께서 '성철 스님이 기틀을 세워 놓은 봉암사 결사정신을 제자가 이어야 하지 않겠느냐?'고 말씀해 주셔서 맡았습니다. 두 번째 임기는 수좌 적명 스님을 모시면서 맡게 되었고요. 봉암사에 살면 대중들과 같이 정진할 수 있어서 행복하고 좋았습니다. 봉암사 대중들은 오직 공부를 하기 위해 오는 스님들이기 때문에 깨달음이라는 하나의 목표 아래 마음을 모을 수 있습니다."

적명 스님이 수좌로 오기 전 한동안 봉암사는 어른스님의 자리가 비어 있었다. 한해 두해가 가면서 빈 자리의 무게가 크게 다가오자 대중들 사이에 새로운 어른을 모셔야 한다는 여론이 형성되고 있었다.

"2007년쯤 수좌계 내부에서 기기암에 계신 적명 스님을 봉암사 조실로 모시자는 이야기들이 나왔습니다. 그래서 대중 대표로 수좌들이 두 번이나 적명 스님을 모시러 은해사 기기암으로 갔지만 스님께서는 완곡하게 사양을 하셨습니다. 어쩔 수 없이 제가 마지막 '특사'로 스님을 뵙고 이런 저런 말씀을 많이 드렸습니다. 조계종의 정신을 상징하는 이곳에 적명 스님께서 오셔야 한다고 간절하게 말씀 드렸지요. 결국 스님께서 봉암사로 오시겠다고 수락하셨습니다."

적명 스님은 봉암사행을 허락하는 대신 조건을 내걸었다. 조실祖室이 아닌 수좌首座로 간다는 것이었다. "지금 나의 견처見處에서 조실을 할 수 없다."고 적명 스님은 선을 그었다. 그리고 조건은 하나 더 있었다. 원타 스님이 주지를 맡아야 한다는 것이었다.

"적명 스님께서 오랫동안 봉암사에 가지 않으셨기 때문에 그간의 사정을 잘 아는 저를 지명하셨습니다. 저 역시 적명 스님을 어른으로 모셔야 한다는 생각이 강했기 때문에 소임을 기꺼이 맡게 됐습니다. 종립선원인 봉암사의 특수성을 잘 알고 수행도량의 분위기를 꾸준하게 유지할 수 있도록 노력하라는 말씀을 자주 들려주셨지요."

적명 스님과 원타 스님이 의기투합한 봉암사는 종립선원宗

봉암사 주지 시절 총무원장 지관 스님, 수좌 적명 스님과 함께
경내를 걷는 원타 스님

立禪院의 면모를 다시 갖추기 시작했다. 명실상부한 대중생활의
원형이 복원되기 시작한 것이다.

　"스님께서는 철저하게 대중생활을 하셨습니다. 특별한 대접
을 받겠다는 생각이 추호도 없으셨어요. 큰방에서 같이 정진하
고 함께 울력하고 공양도 같이 했습니다. 발우공양을 할 때도
상 공양을 할 때도 같이 하셨습니다. 대중생활은 자연스럽게 자

봉암사를 찾는 대중들에게 감로법문을 들려주다

리가 잡혔고 공부하는 수좌들이 다시 봉암사에 모여들게 되었습니다."

사실 적명 스님은 봉암사로 오기 전까지 재가자들을 상대로 거의 법문을 안하는 걸로 알려졌다. 서옹 큰스님의 뜻을 받들어 백양사 운문암선원 초대 선원장으로 왔을 때 대중공양 오신 분들을 그냥 보내면 안되겠다며 한 자리에 모아서 간단한 법문을 했었던 정도이다. 확철대오하기 전까지는 법문을 하지 않겠다며 소참법문도 잘 하지 않던 스님이었는데 봉암사 수좌로 온 이후로는 변화가 있었다. 책임 있는 자리에서 후학들을 지도해야 하기도 했고, 부처님께서도 공양청을 받으시고 법문하셨던 것처럼 스님은 원근에서 온 불자들에게 다양한 법문으로 깨우침을 주었다. 적명 스님의 감로수 법문은 불자들의 발걸음을 봉암사로 이끌었다.

"스님께서는 봉암사 어른으로서의 역할에 충실하셨습니다. 동방장東方丈실 문이 항상 열려 있어서 어느 누구라도 스님을 찾아뵙고 공부에 대해 물었습니다. 저는 주지로서 실무를 맡아보면 됐습니다. 하나 놀랐던 것은 저는 스님을 항상 선이 굵은 수좌로만 알고 있었는데 의외로 세밀한 부분이 많았다는 것입니다. 제가 업무 처리하는데 가끔 애를 먹었습니다만 매사 철저한 자기관리의 연장이 아닌가 합니다."

적명 스님을 직접 모시고 살았던 원타 스님이 들려주는 이야기는 끝이 없었다. 적명 스님과 관련된 키워드에는 항상 '수좌', '대중생활', '원칙'이 따라 붙었다.

"수좌로서의 자부심이 정말 대단하셨습니다. 후배들에게 항상 '견성하지 못할지라도 죽을 때까지 화두를 놓지 말자. 이렇게 공부하는 것이 얼마나 좋은 일인가?'라는 말씀을 끊임없이 하셨어요. 적명 스님이 우리 시대를 대표하는 수좌라는 생각에 변함이 없습니다. 항상 원칙에 충실했고 타의 추종을 불허하는 수좌 중의 수좌였습니다."

오직 수좌의 길을 걸었던
수행자

동명 스님

서울 전등사
전등선림 선원장

서울 성북구 전등사는 도심 가운데 위치한 사찰이다. 아직도 남아 있는 성북동 옛집들 사이에 고요하게 전등사가 앉아 있고 대웅전 건물 바로 뒤에는 시민선원 전등선림傳燈禪林이 자리하고 있다.

널리 알려진 대로 전등사는 많은 대중들의 존경을 받았던 해안 스님의 가르침을 잇고 있는 도량이다. 부안 내소사에 주석하던 해안 스님이 불자들의 요청으로 1972년 서울 수유리에 문을 연 것이 시초가 되었고 1977년 해안 스님의 맏상좌 혜산 스님이 현 전등사 위치로 이전 개원했다. 그러다 동명 스님이 1996년 지금의 전등사 건립 불사를 마무리하면서 가풍이 이어져오고 있다.

완연한 봄기운을 느끼며 동명 스님의 처소에 이르렀다.

"전등사 전등선림은 시민선원을 중심으로 운영됩니다. 선원

이름이 선림禪林인 것은 '나무가 한데 어울려 숲을 이루듯이 수행자도 도반들과 함께 정진해야 선지식이 될 수 있다'는 해안 큰스님의 가르침에 따른 것입니다. 많은 숫자는 아니지만 1년 365일 재가불자들이 정진할 수 있게 항상 선원의 문을 열어 놓고 있습니다."

도심의 특성상 '출퇴근식'이긴 하지만 전등선림에는 매 안거 20여 명이 넘는 불자들이 방부를 들인다.

"선방 운영은 큰스님의 유지를 받들어 바른 법法에 의해서 신앙생활을 하도록 지도하고 있습니다. 조금 구체적으로 말씀 드리면 우선 근기에 맞게 지도합니다. 처음부터 방부를 들이지 않고 대화를 나눠본 뒤 참선參禪을 할 수 있는 사람은 선방에서 참선하게 하고, 기도할 사람은 기도하게 하고, 참회가 필요한 사람은 절을 하게 합니다. 저 역시 평생 참선을 해왔지만 참선만이 공부는 아닙니다. 근기와 능력에 따라 원력을 세우고 발원하는 것이 필요합니다. 공부에는 무엇보다 신심信心이 중요합니다. 그래야 궁극적인 깨달음을 얻을 수 있어요."

대부분 스님들만 참선하던 1950~60년 대에 해안 스님은 재가자 공부의 중요성을 역설하시고 공부 지도를 했다며 스승의 혜안을 강조했다.

"큰스님께서는 대중 모두가 일주일 안에 깨우칠 수 있다고 말씀하셨습니다. 공부하는 사람답게 목숨 걸고 정진한다면 기필코 깨달음이라는 '보배'를 얻을 수 있다는 겁니다. 제가 이곳 전등사에서 진행하고 있는 프로그램들은 모두 스승님께 배운 것입니다."

전등傳燈의 불빛을
이어가다

스님의 출가는 불심 깊은 모친으로부터 비롯되었다.

"어렸을 때 집안도 어렵고 어머님이 몸이 아프셔서 살림을 꾸릴 수가 없었습니다. 어느 날 어머님이 저를 부르시더니 마을 위에 있던 일출암으로 데리고 가셨어요. 일출암은 대처승의 절이었습니다. 또 공부를 할 수 있는 상황도 아니었어요. 평소 저를 눈여겨 봐왔던 노보살이 해안 스님에게 보낸 것이 스승과의 인연이 되었습니다."

보덕사에 도착한 동명 스님은 스승의 말씀에 따라 하루 1만 배씩 열흘 동안 10만 배를 한 것은 물론 청소와 울력, 염불과 경전 공부 등을 충실히 이행했다. 해안 스님의 원래 주석처였던 부안 내소사 지장암에 가서도 공부를 멈추지 않았다. 스님은 내소사에서 행자 생활을 마치고 계戒를 받은 뒤 해인강원을 졸업하고 해인사, 송광사, 통도사, 대흥사 등 제방선원에서 해안 스님이 내린 '은산철벽銀山鐵壁'을 화두로 참구했다.

"강원을 마치고는 여주 근처 토굴에서 3년간 생식과 묵언으로 결사結社와 같은 수행을 한 적도 있습니다. 그때의 공부가 저에게는 큰 도움이 됐습니다."

해안 스님은 제자들을 혹독하게 가르쳤다. 지금도 내소사에서는 스님들을 얼어 붙게 만든 해안 스님의 '일대일' 면담 이야기가 전설처럼 전해진다.

"큰스님께서는 수십 명이나 되는 제자들을 새벽에 한 명씩 부르셨습니다. 그러면서 공부를 점검해 주셨어요. 제자들 모두에게 각자 공부 수준에 맞게 질문을 하십니다. 답을 들어보고 제대로 공부하지 않고 있으면 불호령을 내리셨습니다. 지금 생각해보면 정말 제대로 지도를 해주신 것이지요."

모든 일은
부처님 법대로

동명 스님이 처음 적명 스님을 만난 것은 출가한 뒤 얼마 지나지 않았을 때였다. 당시는 공부 좀 하는 수좌라면 누구나 한 번쯤 해안 스님을 찾아 법을 묻던 시절이었다. 적명 스님 역시 몇 명의 수좌들과 함께 해안 스님을 찾아 와 공부를 점검했다.

당시 신심있는 수좌들이 모여들던 해인사 선열당

"그때는 제가 어려서 은사스님과 적명 스님이 어떤 대화를 나누셨는지 기억이 나질 않습니다. 다만 도반들과 내소사 지장 암에 오셨던 젊은 적명 스님은 훤칠하고 신심 넘치는 납자衲子의 모습으로 뇌리에 각인되어 있습니다. 그때 스님들은 해제철에 내소사를 거쳐 월명암으로 가는 만행 코스를 좋아했습니다. 적명 스님도 그렇게 내소사와 월명암, 서해바다를 둘러보고 가시지 않았나 생각됩니다."

스님이 적명 스님을 다시 만난 곳은 해인사 선원이었다. 강원을 졸업한 뒤 해인사로 방부를 들인 것이다. 당시 해인사에서는 성철, 혜암, 일타 스님 등 기라성 같은 어른들이 후학들을 지도 하고 있었다.

"그때 해인사는 전체적으로 봐도 대중들이 많았고 선원에도 수좌들이 좌복을 가득 메웠습니다. 적명 스님은 선열당에서 선원장으로 대중들을 이끌었습니다. 이전부터 제방에서는 적명 스님이 정진을 잘 한다는 소문이 자자했던 터라 그런 분을 모시고 공부하게 되니 더없는 영광이었죠."

동명 스님이 본 적명 스님은 한마디로 반듯한 수행자였다. 지대방에서 차를 한 잔 마셔도 웅혼한 가야산을 포행할 때도 '바른 수좌'라는 생각만 들 정도였다.

"스님은 오로지 법法으로 모든 일의 기준을 삼았습니다. 부처님 법에 어긋나는 일에 타협은 절대 없었어요. 결제가 시작된 후의 모습은 한 치의 틈도 허용하지 않는 선배였습니다. 방선 放禪을 하고 다음 정진 시간이 되면 보통 10분 전에 각자의 좌복에 자리를 잡습니다. 선방에는 큰 패종시계가 시간을 알려줍니다. 예를 들어 점심 공양을 하고 오후 2시에 정진이 시작되면 패종시계가 '댕~댕~' 하고 두 번 울리지 않습니까? 적명 스님은 '댕~' 한번 울리고 '댕~' 또 한번 울리면 딱 문을 열고 들어옵니다. 시간시간, 하루하루를 그렇게 사셨어요. 대중들이 보기에 한치도 틈이 없는 분이었습니다."

공부를 묻는 후배들에게는 자상한 선배였지만 청규에 어긋나는 일에 대해서는 예외가 없었다.

"사실 절 집안도 100명 가까운 대중이 살다보면 말 그대로 백인백색입니다. 정진 잘하는 수좌도 있지만 괴각도 많지 않겠어요? 대부분 청규를 잘 따랐지만 어떤 한 스님이 좀 천방지축이었습니다. 그 스님은 결제기간임에도 해인사 운동장에서 망년회를 해야 한다고 떠들고 다녔습니다. 정진 분위기가 깨지는 것은 당연했고요. 이를 적명 스님도 알게 되었고 스님께서 몇 차례 경고했나 봅니다. 그래도 말을 듣지 않자 일이 벌어졌습니다. 대중들이 입선入禪 하기 위해 각자 좌복에 앉아 있었는데 입승 스님이 죽비를 치자마자 적명 스님이 자리에서 일어나 그 스님 앞으로 다가갔습니다. 그리고는 스님을 향해 몸을 날렸습니다. 대중들이 깜짝 놀랐지요. 그 스님은 적명 스님에게 압도 당해 꼼짝도 못하고 머리를 숙였습니다. 스님은 대중을 파악하고 이끌어가는 힘이 대단하셨어요. 그 일이 있고 나서 해인사 선방 수좌들은 한 철 정진 잘하고 만행을 떠났습니다.

또 어느 날에는 대중들 간에 큰 갈등이 일어났습니다. 산중 어른스님들도 쉽게 해결하지 못할 정도로 큰일이었어요. 보다 못한 적명 스님이 대중을 모아놓고 대중공사를 주재했습니다. 스님께서는 '오늘 이 자리에서 문제를 해결 못하면 우리 모두 짐 싸서 나가자.'고 선언하고 양측의 의견을 들은 다음 문제를

1983년 해인총림 하안거 결제기념
맨 앞줄 오른쪽 두번째부터 적명, 혜암, 성철 스님. 둘째 줄 원 안이 동명 스님

해결하셨습니다. 공심公心으로 일을 처리하니 선원이 물처럼 운영되었습니다."

당시 해인사는 결제 후반의 용맹정진 기간 동안 산중 어른스님들은 물론 소임자 스님들도 입방해서 정진할 정도로 수행 분위기가 좋았다. 그런데 어른스님 한분이 졸음을 이기지 못해 계속 졸고 있자 적명 스님의 죽비가 그쪽으로 향했다. 아무리 선원장이라 해도 어른스님 어깨를 치는 일이 만만하지 않았을 텐데 스님은 '정진 중에 잠과의 싸움에서 지면 끝이다. 죽비 앞에는 사심이 없다.'며 엄하게 인례引禮를 맡았다. 거푸 맞던 어른스님이 도저히 안 되겠다 싶어 좌복에서 일어나 벽을 보고 서 있는데 바로 적명 스님이 빈 좌복을 탁 내리쳤다. 그걸 본 어른스님은 "허 참, 저 수좌⋯" 하고 웃고 말았다고 한다.

동명 스님은 해인사에서 몇 철을 더 보내고 순천 송광사 선원에서 다시 적명 스님을 만났다. 이때 송광사 선원은 결사에 들어가는 대중을 모았는데 여기에 혜암, 무문, 무여, 혜국, 도법, 현봉 스님 등 지금 한국불교계의 지도자로 자리하는 수행자들이 함께 했다. 이때도 적명 스님의 정진력은 변함 없었다. 이런 모습을 좇아 공부에 힘을 쓰는 동명 스님을 보고 적명 스님은 "자네는 잠을 자다가 봐도 천생 중이고만." 하며 대견하게 여겼다.

후배에게도 물을 수 있는
용기

선방으로만 다니던 동명 스님은 사형 혜산 스님의 뒤를 이어 전등사에서 도심포교에 나섰다. 전등사는 오래 전부터 안거를 마친 수좌들이 쉬어가는 서울 시내 도량으로 알려져 있었다. 적명 스님도 해제철에는 가끔 전등사에서 며칠씩 머물곤 했다. 공부에 관한 토론을 좋아하는 적명 스님답게 혜산 스님과 동명 스님을 붙잡고 치열하게 이야기하는 시간을 갖기도 했다.

그러던 중 2013년 하안거가 끝나고 몇몇 스님들이 전등사에 모였다. 당시 실상사 도법 스님, 조계종 교육원장 현응 스님, 선운사 초기불교불학승가대학원장 재연 스님, 초기불전연구원 지도법사 각묵 스님 등이 자리를 같이 했다.

한국불교의 변화와 쇄신을 위해 편안하게 얘기를 나누기 위해 모인 이 자리에서 적명 스님은 얇지 않은 분량의 메모 노트를 꺼내들어 각묵 스님에게 건넸다.

"스님과 대림 스님이 번역한 『청정도론』을 잘 읽었습니다. 엄청난 분량의 책을 번역하시느라 고생이 많았겠어요. 제가 그 책을 읽으면서 주요 내용을 이렇게 간추려 보았으니 나중에 시간이 될 때 한번 검토해 주세요."

그러면서 적명 스님은 초기불교 수행법과 한국불교 간화선의 같은 점과 다른 점, 초기불교의 특징, 한국불교 수행의 현황 등에 대한 견해를 들려주기 시작했다.

"적명 스님은 선사이면서도 교학教學에 뛰어난 어른입니다. 저도 나름대로 이런저런 책도 보고 공부도 했지만 적명 스님의 안목과 식견에 놀랐습니다. 도법, 현응, 재연, 각묵 스님도 나름 일가를 이룬 분들이지 않습니까? 서로 치열하게 의견을 주고받는 모습이 너무도 아름다웠습니다. 조금씩 멤버가 바뀌긴 했어도 스님들은 이후로도 몇 번 더 모임을 갖고 토론의 시간을 가졌지요. 그런 순수한 열정이 지금도 그립습니다."

선방의 어른이 주저 없이 후배들에게 토론을 청하고 자신의 공부를 확인받고자 하는 모습은 당시로서는 파격이라고 할 수 있었다. 이 자리에 함께 했던 실상사 한주 법인 스님은 후에 그 날의 기억을 짚어주었다.

"적명 스님은 참석한 대중들에게 공부내용을 간추린 노트를 나누어주었다. 분량은 아마 50쪽이 넘었던 것으로 기억한다. 천오백 쪽의 『청정도론』 내용을 요약한 것이다. 옆에서 책을 보니 형광펜으로 밑줄이 곳곳에 그어져 있고 포스트잇도 수없이 붙어 있었다. 모두가 내심 놀랐다. 연배도 높으신 분이, 선 수행자를 지도하는 봉암사의 수좌스님이, 북방불교의 간화선 수행을 하는 어른이 우리와는 사뭇 풍토가 다른 남방불교의 논서를

후배 스님들과 격의 없는 토론을 즐겨한 적명 스님

정독하고 요약하여 오신 것이다. 아마 세속의 분들은 절집안의 흐름과 분위기를 잘 알지 못하기 때문에 우리의 놀람을 실감하지 못할 것이다."

적명 스님을 중심으로 이어지던 토론회는 이제 과거 속으로 흘러갔다. 하지만 후배 스님들은 지금도 각자 인연처에서 반듯하게 정진하고 있다. 동명 스님은 자신의 소신을 굽히지 않고 실천적 삶으로 살아간 적명 스님을 이렇게 이야기한다.

"적명 스님은 불교관이 확실하게 서 있는 분이었습니다. 우리 수좌계 원로급의 스님들 가운데 초기불교에 그렇게 관심을 내놓고 드러내시는 분은 적명 스님이 거의 유일하시잖아요. 그 연배에서 〈청정도론〉을 몇 번 꼼꼼하게 읽었다는 건 대단하다고 봅니다. 단순히 지적 호기심이 아니라 수행법에 대한 확실한 정립을 위해 필요했으니까요. 또 이 분야의 전문가인 후배에게 묻는 것을 개의치 않는 '불치하문不恥下問'이야말로 적명 스님의 그릇을 보여주는 단적인 예라 할 수 있겠습니다.

그러다보니 후배스님들이 적명 스님을 참 많이 따랐습니다. 스님이 천은사 선원장으로 계실 때 도법 스님, 수경 스님, 연관 스님이 산 너머 다니면서 스님과 자주 교류하고 배우고 지냈다고 합니다. 지금 도법 스님의 화쟁사상에도 많은 영향을 미쳤다고 봅니다. 도법 스님이 좀더 적극적인 사회참여적인 면이 있다는 점에서 차이가 있지만 적명 스님의 많은 생각들을 실천적으로 바꿔놓은 면이 있구요. 또 해인사 주지 현응 스님이 교육원장 역임할 때 펼친 행정이나 저서 『깨달음과 역사』 내용에도 그간 적명 스님과 토론하면서 정리된 사상들이 어느 정도 들어 있다고 봐도 될 겁니다."

동명 스님은 적명 스님과의 일화들을 추억하면서 스님을 '오직 한 길만 걸어온 수행자'라고 정의했다.

"적명 스님처럼 선교禪敎를 겸비하고 또 이사理事에 두루 밝은 스님은 없습니다. 여러 어른들이 곁에 두려 했고 또 법法을 주려고도 했습니다. 그러나 적명 스님은 전혀 흔들림이 없었습니다. 여러 유혹을 물리치고 평생 수좌로 정진하신 것은 그 누구도 쉽게 해낼 수 없는 일이라고 생각합니다. 스님께서 한국불교에 행行으로 보여주신 모습은 아마 오랜 동안 후대의 기억에 남아 있을 것입니다."

봉암사 마애불

수좌들의 영원한 대부

지범 스님

서울 보문사
주지

•
○
•

서울시 동작구 상도동 국사봉 아래에 있는 보문사를 찾았다. 절 안팎은 깔끔하고 단정했다. 전국의 이름난 선사들이 법문을 마다하지 않는 보문사는 선禪의 기운으로 가득했다.

보문사는 알 만한 조계종 수좌들 사이에서는 '중(僧)대 본부'라 불리워진다. 안거를 마친 스님들이 마음 편히 머물 수 있는 도량이어서 얻은 별칭이다. 아무 자리에나 바랑을 풀지 않는 꼿꼿한 수좌들이 해제 동안 편안하게 이곳에서 쉬어갈 수 있는 이유는 주지 지범 스님의 넉넉한 품성 덕분이다.

지난 40년을 납자衲子로 살았고 서울에서 사찰을 운영하면서도 동안거 방부를 들이는 지범 스님은 항상 절에 객실을 비워 누구든 와서 쉴 수 있게 한다. 지금처럼 삭막해진 절집 풍토에서 더 없이 반가운 소식이다.

법당의 부처님께 예를 올리고 지대방으로 향했다. 신도들을 위해 북카페처럼 꾸민 지대방은 넓고 쾌적했다. 지범 스님과 적명 스님의 연을 찾기 위해 스님의 출가인연부터 들었다.

"전북 고창 선운사 인근에서 나고 자랐습니다. 대학 때까지 평범한 학교생활을 했지만 큰 흥미가 없었어요. 군 복무를 시작할 무렵 아버지가 돌아가시고 얼마 뒤에는 또 형님까지 세상을 떠났습니다. 앞으로 어떻게 살 것인가에 대한 고민이 많았지요. 그러다가 고3때 선운사 석상암에서 공부하던 시절이 떠올랐습니다. 석상암에 계시던 노스님께서 호남의 도인道人으로 나주 다보사에 계시던 우화 스님을 자주 말씀하셨거든요. 그래서 광주행 버스에 올랐는데 광주터미널에서 운명처럼 은사 정진 스님과 원공 스님을 만났어요."

지범 스님은 두 스님에게 '출가'를 상의했다. 정진 스님은 "우화 노장님은 작년에 열반하셨고 내가 우화 스님의 상좌이다. 나와 함께 가자."고 권했다. 그렇게 지범 스님은 우화 스님 문도가 되었다. 1978년 겨울의 일이다.

'호남 도인'
우화 스님의 문도

지범 스님은 곡성 서산사에서 삭발하고 울진 수진사에서 행자생활을 이어가다가 1979년 부산 범어사에서 사미계沙彌戒를 받았다.

"은사 정진 스님께서는 선원에서 정진하시다 원공 스님과 함께 서울 불광동에 병상심방원을 개원해 병들고 힘들게 살아가는 스님들과 불자들을 뒷바라지 하셨습니다. 은사스님은 어려운 환경에서도 많은 보살행을 하면서 수행을 놓지 않은 이 시대의 보현보살이셨어요. 지금 제가 수좌스님들에게 객실을 개방하고 주지를 하면서도 선방에 다닐 수 있는 것은 전부 은사스님의 은혜 덕분입니다."

그렇게 우화 스님 문도가 된 지범 스님은 사미계를 받고 가을에 나주 다보사로 향했다. '호남의 도인'은 뵐 수 없었지만 흔적이라도 확인하고 싶었기 때문이다.

우화 스님은 15세 때 덕유산 영각사 영명 스님을 은사로 출가, 해인사에서 용성 스님을 계사로 비구계를 수지하고 해인사 강원을 마쳤다. 이후 금강산과 오대산, 묘향산 등에서 화두참구에 집중했는데 만공 스님이 칭찬을 아끼지 않았을 정도로 공부에 뛰어났다고 한다.

우화 스님에게는 20여 명의 상좌가 있었다. 진용, 진상, 종호, 적명, 정진, 일륜, 정담, 능인, 도업 스님 등이 우화 스님을 스승으로 모셨다. 지범 스님은 적명 스님의 사제인 정진 스님의 상좌로 적명 스님의 조카상좌가 된다.

'호남의 도인'으로 존경받았던 적명 스님의 은사 우화 스님

지범 스님은 어느 날 다보사 경내를 돌다가 사숙이자 평생의 스승인 적명 스님을 만났다.

"계를 받고 해인사 강원에 갈까, 동국대 불교대학에 갈까, 선방에서 정진을 할까를 고민하고 있던 때에 적명 스님을 뵈었습니다. 당시 스님은 눈에서 빛이 뿜어져 나오고 있었습니다. 참선을 하면 저 어른처럼 되겠다는 생각이 들 정도로 형형한 모습이셨어요. 지금 생각하면 전형적인 수좌, 선사禪師의 모습이었습니다. 저의 사정을 말씀 드리니 스님께서 '일단 선방에 가서 한 철 살며 참선을 해봐.'라고 말씀하십니다. 그러면서 경봉 노스님이 계시던 통도사 극락암 선원과 성철 큰스님이 계시던 해인사 선원을 추천해 주시더군요."

적명 스님과의 만남을 계기로 지범 스님은 참선에 대한 확신을 갖기 시작했다. 마침 다보사에 머물던 화엄사 수좌 현산 스님의 추천으로 다보사에서 멀지 않은 부안 월명암 선원에 첫 방부를 들였다.

"현산 스님이 월인 스님이 계신 월명암으로 가서 공부하자고 해서 따라 나섰습니다. 내소사를 거쳐 월명암에 도착하니 종표 스님, 원인 스님, 명문 스님, 철호 스님 등이 반갑게 맞아 주셨어요. 첫 선원 생활은 조금 힘들었습니다. 좌복에 앉다 보니 다리가 많이 아프고 잠이 부족해 늘 혼침 속에 살았습니다. 종종 변산에 가서 쌀을 지고 오고 결제 중에 땔감이 부족하면 눈속의 감나무를 베어 화목으로 쓰면서 정진을 이어갔습니다."

성철 스님이 낙점한
30대 해인사 선원장

지범 스님이 적명 스님을 다시 만난 곳은 1982년 겨울 해인사 선원에서였다. 적명 스님은 해인총림 선원장을 맡고 있었고 지범 스님은 대중으로 같이 정진했다.

"성철 스님과 혜암 스님께서 적명 스님을 선원장으로 '영입' 했다고 들었습니다. 어른스님들께서 수좌들 사이에 공부 잘 하는 수행자로 듣고 있던 적명 스님을 해인사로 부르신 거지요. 적명 스님이 선열당에서 선원장을 하셨고 축서사 무여 스님은 퇴설당 입승을 하셨습니다. 성철, 혜암 두 큰스님이 든든히 외호하시고 실질적으로 두 선배 스님이 후학들을 지도해주시니 우리들은 공부만 하면 됐습니다."

지범 스님은 1982년 동안거부터 1984년 하안거까지 4번의 안거를 해인사에서 보냈다.

"적명 스님께서는 정진을 참 잘 하셨어요. 말씀도 논리적이고 설득력이 있었습니다. 리더십도 대단해 대중들의 존경을 받았어요. 80여 명이 넘는 선방 대중들을 탈 없이 이끌었습니다. 그러니 산중 어른스님들께서도 적명 스님을 아끼지 않을 수 없었죠. 그때 선원 대중들은 새벽 2시에 정진을 시작해 밤 10시면 마치고 잠을 잤습니다. 적명 스님은 극락전에서 주무셨는데 새벽 1시 30분이면 어김없이 선열당 앞에서 포행을 시작해 2시에 대중들과 같이 앉았습니다. 제가 있는 2년 동안 단 하루도 이 일과를 어기지 않았습니다."

당시 적명 스님은 후배 스님들 사이에 '말이 통하는 리더'였다고 한다. 차근차근 설득을 해서 공부를 할 수 있도록 후학들을 지도했다.

불기 2527년 해인사 하안거 결제 기념
맨 앞 줄 가운데 성철 스님 (우측으로) 혜암 스님, 일타 스님, 적명 스님
원 안이 지범 스님

하루는 적명 스님이 지범 스님을 따로 불렀다.

"화두는 잘 돼?"

"잘 안 됩니다."

"화두가 안 되는 사람이 무슨 수좌야. 우리 젊을 때 열심히 공부해보자. 힘들면 조금 쉬었다 해도 되니 걱정하지 말고…"

"네. 명심하겠습니다."

적명 스님은 같은 다보사 문중인 지범 스님에게 은사 우화 스님과의 일화를 들려주기도 했다.

"스님께서 1998년도에 제가 살던 토굴에 오신 적이 있습니다. 그때 밤을 새워가며 많은 말씀을 나눴어요. 그 중 아직도 기억에 남는 것이 우화 노스님 관련한 이야기입니다."

지범 스님이 적명 스님에게 여쭈었다.

"스님, 궁금한 것이 있습니다. 노스님께 인가를 받으셨는지요?"

"인가는 아니고 격려는 받은 적이 있지."

"어떤 내용인가요?"

"지리산 천은사 토굴에 살다가 다보사로 은사스님을 뵈러 갔어. 1975년 즈음일 거야. 은사스님이 나를 보시더니 '무無 자를 일러보라.'고 하셔. 그래서 절을 한 번 올렸어. 그랬더니 '본래가 청정한데 너와 내가 왜 있고 다보사와 금성산이 왜 있느냐.'고 다시 말씀하셔서 답을 해드렸지."

"어떻게 말씀하셨어요?"

"'연기緣起이고 공空입니다!'라고 하니 은사스님이 웃으시더만."

자화장自火葬을 준비하고 정진한 우번대

지범 스님은 1970년대 중반을 적명 스님이 가장 치열하게 정진한 시기로 보았다.

"지리산 묘향대에서 정진하던 화엄사 종수 스님 인연으로 적명 스님은 1974년 일년 동안 지리산 우번대 토굴에서 정진하셨습니다. 당시 화엄사 주지 도광 스님께서 화엄사에서 식량을 대어줄 테니 공부에만 전념하라 하셨어요. 한번은 종수 스님이 토굴에 올라가 들고 간 양식만 조용히 놓고 나오려는데 마당 한켠에 장작더미가 있어요. 그 옆에는 휘발유통이 있고요. 걱정이 앞서 한참을 기다렸다가 정진을 마치고 나온 적명 스님에게 물어보니 '이번 철에 안 되면 가려고 준비해뒀다.'고 하더랍니다.

그런데 그렇게 절실한 마음으로 시작한 정진이지만 체력이 안 받쳐줘서 날이 갈수록 힘이 딸렸나 봅니다. 90일째쯤 지나자 스님은 '이 몸 때문에 공부를 못할 지경이니 이생에는 도저

1974년 5월 지리산 우번대에서. (좌측) 적명 스님, 명완 스님 (우측 왼편) 종수 스님

히 안 되겠고 몸 바꿔 다음 생을 기약해야겠다' 하며 기름에 불을 붙여 자화장自火葬을 하려 하셨습니다. 그런데 마지막 장작을 위에 올리려는 순간 장작을 올리는 기운이 딸려 몸이 움직이지 않더라는 겁니다. 스님은 '아, 이거구나. 그러면 여기서 끝내고 가는 것보다 이 몸을 공부할 수 있는 몸으로 바꿔 다시 정

진하는 게 옳겠다' 판단했다고 합니다. 이후로 스님은 항상 점심공양 마치고 하루 두 시간씩 산행을 다니기 시작했습니다. 비가 오나 눈이 오나 정해진 코스대로 포행하는 게 평생 습관이 되셨다고 들었습니다."

강진 백련사 만덕선원, 통도사 극락암 호국선원 등에서 공부하던 지범 스님이 1986년 동안거 중에 비로토굴로 적명 스님을 찾아 간 적이 있다. 적명 스님이 10년 넘게 정진한 비로굴은 양산 천성산 내원사 위쪽 2km 지점에 자리하고 있는데 전기도 들어오지 않는 작은 토굴이었다.

등에 음료수를 짊어진 지범 스님이 토굴에 도착했지만 어디에서도 인기척이 느껴지지 않았다. 방문 앞에 분명 신발이 있음에도 사방에서 산새 소리만 들려올 뿐이었다.

오랜 기다림 끝에 지범 스님이 문앞으로 다가가서 입을 열었다.

"스님! 주무십니까?"

드디어 한참 만에 방문이 열렸다.

"왔는가."

"신발은 있고 기척이 없으셔서 주무시나 했습니다."

"수좌가 화두를 놓고 낮잠을 잘 수 있나."

적명 스님다웠다. 스님은 토굴에서도 대중선방과 다르지 않은 일정으로 정진을 하고 있었던 것이다. 방문이 닫혀 있으면 정진 중인 거고 출타할 일이 생기면 큰방 문까지 활짝 열어놓고 나간다고 했다. 누구라도 잠깐 쉬어 가라는 배려다.

"스님이 한창 비로토굴에서 정진할 때가 50대였습니다. 그때도 당신은 나이 들면 대중에 가신다고 항상 말씀하셨어요. 비로토굴에서도 매일 두 시간씩 나무를 하시기에 왜 그렇게 나무를 많이 하시냐고 여쭈니 다음 스님이 다 땔 수 있도록 장만해두는 거라 하셨습니다. 그릇도 새 걸로 한 벌 준비해두시구요. 그걸 본 누군가가 스님께 '다음에 들어오실 스님에게 약값이라도 좀 받고 드려라.' 했나 봅니다. 그랬더니 '야. 내가 새로 들어오는 스님한테 약값을 받는다면 여느 스님들하고 다를 바가 있냐. 그런 소리는 하지 말아라.' 대중에 나갈 때는 이렇게 가야 한다는 생각이 확실하셨습니다."

적명 스님은 지범 스님에게 자신의 수행을 시기별로 나누어 말한 적이 있다.

"내 수행은 3기로 나누어진다. 첫 번째는 출가해서 우번대에서 공부할 때까지이고 두 번째는 선원 다니면서 비로토굴 정진까지, 세 번째는 비로굴에서 내려와서 대중들과 살아온 시절이다. 평생 존경하고 신뢰했던 스님들은 많았지만 내 마음에 완전하게 스승이라 할 분을 못 찾았다. 자신에 맞는 스승을 찾아 공부하는 수행자는 참 복이 많은 거다."

2010년 적명 스님이 봉암사 수좌로 추대된 뒤 지범 스님도 봉암사 태고선원에서 정진했다.

"20년 전 갑자기 은사스님이 입적하시면서 제가 불가피하게 서울 보문사 주지를 맡게 된 뒤에도 적명 스님께서는 한 만기만 하고 선방으로 돌아오라고 하셨습니다. 사정상 절을 비울 수 없어 결제 때 동안거를 들어갔었구요. 스님께서 봉암사로 가신 뒤 얼마 지나지 않아 태고선원에 방부를 들였습니다. 대중들이 저에게 입승 소임을 맡으라고 했지만 적명 스님께서 오히려 반대하셨습니다. 주지를 살다 왔으니 화두에만 집중하라고 하신 거지요. 스님의 당부대로 한 철 잘 살았고 그 후로도 몇 철 더 봉암사에서 정진했습니다."

매사 철저하게 공사를 구분했고 공부에 관한 한 원칙을 중요하게 여기는 스님의 성품이 드러나는 대목이다.

"스님 방에 들어가면 늘 좌복이 놓여 있고 벽에 걸망 하나 딱 걸려 있습니다. 참 소박하셨어요. 정진시간에는 대중들과 똑같이 앉았는데 대중들이 따라가지 못할 정도였습니다. 나중에는 봉암사 밖에서 오는 대중들도 챙겨야 해서 정진시간을 좀 줄이셨지만 그래도 항상 좌복에 앉고 싶어 하셨어요. 스님은 신참이든 구참이든 공부하는 사람들과 함께 하는 시간을 소중하게 생각했습니다. 봉암사 살림을 아껴 원로수좌들을 위한 원로선원을 만든 것도 대중들을 위한 적명 스님의 마음이라고 보면 됩니다."

스님은 적명 스님의 수행에 대한 열정과 삶에 대한 진실함, 사회에 대한 정의로움을 배우고 싶다고 했다.

"적명 스님은 수행에 관한 것뿐만 아니라 종단 내의 여러 문제에도 목소리를 내셨어요. 각자 견해의 차이로 입을 열지 않을 때에도 스님께서는 적극적으로 움직이셨습니다. 이런 거침없는 모습들이 자신을 힘들게 할 수 있다는 것을 알면서도 피하지 않았지요. 이런 점 때문에 우리 수좌들이 적명 스님을 정신적인 대부代父로 모셨던 것 같습니다."

인터뷰를 마무리하고 보문사를 나서는 길에 지범 스님이 마지막 말을 보탰다.

"지금 우리 시대에 적명 스님을 뛰어 넘는 수좌는 없습니다. 말그대로 '우리 시대의 마지막 수좌'라고 불리울 만한 분입니다."

참 소중하고 귀한 어른

허담 스님

前 망월사
천중선원장

적명 스님을 가장 가까이서 모셔서일까? 처음 만난 허담 스님에게서 적명 스님의 모습이 보였다. 꼿꼿하고 반듯한 수좌. 허담 스님의 첫인상은 그랬다.

경기도 광주의 작은 토굴. 길고 긴 논밭을 지나 도착한 스님의 처소는 서늘했다. 무언가 있어야 할 공간이 텅텅 비어 느껴지는 그런 서늘함이 보였다. 스님의 공간은 '무소유'라는 표현도 과하게 느껴졌다. 그래도 스님은 온기를 불어 넣으려 애썼다. "오랜만에 손님이 왔다."며 직접 커피 원두를 갈았다. 그리고 정성스럽게 커피를 내렸다. 차가운 공간에 커피향과 함께 온기가 퍼졌다. 비로소 봄기운 가득한 바깥과 집 안의 온도가 맞춰지기 시작했다. 커피향에 기대어 어려운 얘기부터 꺼냈다.

2019년 12월 24일, 허담 스님은 함양 남산사 고경선원에서 정진 중이었다. 늦은 오후 적명 스님의 입적 소식을 알리는 전화가 왔다. 그 길로 스님은 문경의 한 병원으로 향했다. 몇몇 스님들이 이미 병원에 도착해 있었다. '사망 처리'와 관련한 모든 조치를 끝내고 스님들은 다시 흩어졌다.

날이 바뀐 새벽 다시 적명 스님을 봉암사로 모시는 길. 구급차 안 적명 스님 옆에는 언제나 그랬던 것처럼 허담 스님이 앉았다.

"왜 적명 스님이 구급차 안에 누워계셔야 하는지 이해가 되지 않았습니다. 뭐라 표현할 수 없는 마음뿐이었습니다. 어두운 새벽에 봉암사에 도착하니 모든 대중들이 가사 장삼을 수하고 '수좌' 적명 스님을 맞이했습니다. 사부대중들의 환영 속에 봉암사에 오셨던 때가 딱 10년 전이었는데 어느 누구도 다른 모습으로 적명 스님이 다시 봉암사에 오실 거라는 상상은 못했습니다. 스님은 열반하시기 보름 전쯤 산행을 하다 만난 한 스님에게 사고 지점을 가리키면서 '내가 저기에 한번 가볼까 한다.'고 하셨답니다. 스님이 젊어서 정진할 때 가끔 올라가서 수행하던 곳이라 하시면서요. 반결제를 맞아 아침에 스님들과 단체사진을 찍고 산행에 나섰는데 산 중턱에서 따르겠다는 대중들을 물리치고 가신 뒤 그렇게 되셨습니다."

어둠이 가시기도 전에 전 총무원장 설정 스님이 도착했다. 적명 스님의 위패를 설정 스님이 썼다. 곧이어 해인총림 유나 원타 스님도 도착했다. 원타 스님은 적명 스님의 장례를 총괄했

2019년 동안거 반결제 날 적명 스님의 마지막 산행길

다. 허담 스님 역시 장례 절차를 돕다 영결 다비식 전날 밤 봉암
사를 나왔다. 스님의 마지막 길을 차마 볼 수 없었을 것이다.

"입적 전날 전화를 주셨습니다. 저는 그때 남산사에서 한참
장작을 패고 있었어요. 결제 중에는 잘 안하시는 전화를 하신
겁니다. 저는 내심 반가웠죠. 이런 저런 안부를 물으시더니 평

소 잘 하시지 않던 누구누구가 다녀갔다는 것까지 자상하게 말씀하셨어요. 그러고는 해제 후에 보자고 하십니다. 저도 해제하면 인사드리러 가겠다고 했어요. 그것이 마지막 통화가 되리라고는 생각도 못했습니다."

입적 전날에도 적명 스님은 여느 때와 다름없이 찾아오는 불자들을 제접했다고 한다. 그 날 만난 불자들은 하나같이 "적명 스님이 평소와 달랐다."고 허담 스님에게 말했다.

"그날 불자들에게 말씀을 오래 하셨다고 해요. 당신 어린 시절 이야기라든가 출가 전 상황, 고향에 관한 이야기들도 하셨다고 합니다. 저한테 먼저 전화 주신 것도 그렇고 뭔가 다른 느낌이 듭니다. 평소에도 스님께서는 '수행자는 수행자답게 가야 한다.'는 말씀을 자주 하셨어요. 저는 그냥 하시는 말씀으로만 생각했죠. 스님은 '수좌의 마지막은 태어나는 것과 달라서 갈 때는 자기 의지대로 가는 거다. 생물학적인 삶을 다하지 못할 때 언제든지 그냥 옷을 갈아입듯이 가볍게 가야 한다'는 신념을 갖고 계셨습니다. 결국에는 큰스님만의 방식으로 누구한테도 누를 끼치지 않고 수행자로서 떠나신 것 같다는 생각이 듭니다."

허담 스님은 "스님 가신 후 지난 몇 달이 허전했다."고 했다. 가장 가까이서 모시던 어른의 갑작스런 부재는 당연히 당황스러울 수밖에 없다. 숨을 고른 허담 스님이 적명 스님과의 인연을 찬찬히 풀기 시작했다.

매운 행자생활을 거쳐
선방으로

어린 시절부터 인생과 삶에 대한 고민이 많았던 허담 스님은 1983년 겨울 해인사로 출가했다. 해인사에서는 아래로는 30명이 넘는 행자들이 초심을 다졌고 위로는 조계종 종정이자 해인총림 방장인 성철 스님을 필두로 혜암, 일타, 보광 스님 등 기라성 같은 선지식들이 숲을 이루고 살았다.

유난히 혹독하다고 하는 해인사 행자생활 중에도 어른들의 법문을 들으면 신심이 솟구쳤다. 戒를 받을 때가 되자 여기저기서 '섭외'가 들어왔다.

"몇몇 어른들의 상좌스님들이 저에게 많은 말씀들을 주셨습니다. 사실 저는 은사에 대한 생각은 크게 없었어요. 한번은 적명 스님의 맏상좌인 선타 스님이 저를 찾았습니다. 저한테 사제師弟가 되면 어떻겠느냐는 말을 몇 번 했습니다. 적명 스님은 해인사 선원장 소임을 맡고 있다가 잠시 자리를 비우고 있었기에 저는 적명 스님에 대한 소문만 들었고 직접 뵙지는 못했어요. 그래서인지 선타 스님의 얘기가 가슴에 와 닿지 않았던 기억입니다."

해인사 종무소에 배치돼 일을 보던 스님은 전국에서 온 수좌스님들의 '선방 뒷소식'을 들을 수 있었다. 그때 수좌스님들의 이야기에 가장 많이 등장하는 스님이 바로 망월사 주지 능엄 스님이었다. 계를 받기 직전 운명처럼 무언가에 이끌려 스님은 해인사 행자실을 나왔다. 행자복을 입은 상태로 버스를 타고 상경했다. 서울에서 하루를 잔 뒤 도봉산으로 갔다. 망월사 등산로 초입에 도착하자 스님들이 지게를 지고 내려와 있었다. 망월사에서 쓸 물건들을 옮기러 온 것이다. 스님도 자연스럽게 지게를 받아 망월사로 올라갔다.

"해인사에서의 행자 경력 1년을 인정받고 바로 능엄 스님의 상좌가 되었습니다. 명성대로 망월사 천중선원에는 전국에서 수행 잘하기로 소문난 스님들이 모여들고 있었습니다. 언젠가 예전 방함록을 보니 조실 전강, 주지 춘성, 입승 송담 스님이 같이 계셨던 적이 있을 정도로 쟁쟁했습니다. 앞선 1925년 용성 큰스님께서는 당시 만연한 계율 파괴를 다잡고 몰락해 가는 선수행의 전통을 바로 세우기 위해 망월사에서 만일참선결사를 하셨잖아요. 제가 망월사에 간 뒤에는 한철에 40명이 방부를 들인 적도 있습니다. 큰방에 다 앉지 못해 영산전과 칠성각, 산신각에서도 스님들이 정진을 했습니다."

능엄 스님은 오늘날의 망월사를 일군 어른이다. 필요하면 직접 서울까지 가서 화주를 해 수좌들을 외호했고 다양한 불사를 해냈다. 이같은 스님의 신심과 원력으로 망월사는 북방제일선원으로 알려졌고 제방의 수좌들이 꼭 한번 살아보고 싶은 선원으로 인정 받았다.

허담 스님은 이후 해인사, 송광사, 통도사를 비롯한 전국의 선방에서 정진을 이어갔다. 첫 안거는 인천 용화사였다.

"망월사에서 정진하셨던 스님들이 송담 큰스님 말씀을 많이 해주셨습니다. 대중 중에는 정기적으로 큰스님 법문 들으러 가는 분들도 있었고요. 그래서 저도 큰스님을 모시고 공부하고 싶어 용화사 선원에 방부를 들었습니다. 큰스님께 면담신청을 해 '화두 간택 받으러 왔습니다.'라고 말씀드리니 며칠 후에 '是甚麼(시심마)'를 화두로 내려주셨습니다. 그때부터 시심마를 들고 공부하고 있습니다."

허담 스님은 2008년부터는 은사 능엄 스님의 말씀에 따라 망월사 천중선원장으로서 10여 년 간 대중을 이끌기도 했다.

수도암에서의
한 철

허담 스님이 적명 스님을 처음 만난 곳은 김천 수도암 선원이었다. 스님 개인적으로도 가장 정진이 잘 된 곳이기도 하다.

"1999년 동안거에 수도암에 처음 살았습니다. 도량 기운 때문인지 아주 정진이 잘 됐습니다. 밤 9시에 누워도 12시면 잠이

깼어요. 그럼 그때부터 앉아서 정진을 했어요. 다음날이 되어도 전혀 피곤하지 않았어요. 눈 치우느라 힘들었던 기억이 조금 있습니다만 그래도 아주 좋은 한 철을 살았습니다."

2000년 하안거에 적명 스님이 김천 수도암에 왔다. 적명 스님은 선덕, 허담 스님은 입승을 맡았다.

"사실 앞선 동안거 때 적명 스님께서 수도암 종무소에 전화를 해 방부를 신청했다고 합니다. 전화를 받았던 직원이 적명 스님을 몰랐고 또 방부가 다 차서 '원칙'대로 '방부 접수 끝났다.'고 안내를 했나 봐요. 다른 스님들 같으면 '주지스님 연결해 달라, 선원장스님 바꿔 달라.'고 했을 텐데 적명 스님께서는 '알겠다.'고만 하고 전화를 끊으셨답니다. 한 철을 먼저 만날 수 있었지만 그러지 못하고 그때 처음 인사를 드렸어요.

스님의 첫인상은 단아하다는 느낌이었습니다. 이미 적명 스님과 고우 스님이 전국 선방을 이끌고 있던 때여서 저도 항상 뵙고 싶다는 생각을 가지고 있던 차에 딱 만나게 된 겁니다. 이런저런 얘기들을 많이 들었기 때문에 저도 모르게 반가웠던 것 같습니다. 스님께서는 아주 단출한 짐을 가지고 오셨어요. 작은 선반 하나가 부족하지 않을 만큼의 물건들이었어요."

적명 스님은 모든 면에서 어른이었다. 정진이나 울력 등 대중생활 어느 것 하나 게을리 하지 않았다. 스님이 특히 강조한 것은 '원칙과 질서'였다. 대중들의 여법한 수행을 위해서는 원

불기 2542년 수도암 하안거 결제 기념
앞줄 오른쪽 두 번째 적명 스님, 뒷줄 오른쪽 첫 번째 허담 스님

칙이 확실해야 했다. 적명 스님이 후배들에게 하는 말씀도 논리적이었고 경전이나 어록에도 무척 밝았다.

"스님의 모든 면을 존경했습니다. 적명 스님의 모든 것을 배우고 싶다보니 저도 모르게 스님의 주변을 맴돌았습니다."

수도암에서 한 철을 같이 나면서 허담 스님과 적명 스님은 가까워졌다. 적명 스님은 정진 잘하는 후배 허담 스님에게 눈길이 갔고, 허담 스님은 적명 스님의 올곧은 성정을 알게 되면서 더 존경심을 갖게 된 것이다. 적명 스님은 허담 스님에게 공부와 관련한 당부도 잊지 않았다.

"깨달음이라는 산에 오르는 길은 많다. 지도에 수많은 등산로가 있는 것과 다르지 않다. 하지만 진짜 중요한 것은 직접 가봐야 한다는 것이다. 체득體得하지 않고 지도만 보며 수많은 코스를 눈으로만 익히면 아무 소용이 없다. 절대 산에 오를 수 없는 것이다. 지치지 않고 올라갈 수 있도록 계속 노력해야 한다. 그래서 신심信心과 원력願力이 중요하다."

수행정진 아닌 것은
다 군더더기

수도암 해제 후 적명 스님과 허담 스님은 수도암에서 가야산 해인사까지 산행을 하기도 하고 이곳저곳을 같이 둘러보며 만행을 했다. 이때 이후로 적명 스님은 해제하고 나면 항상 허담 스님을 찾았다.

"해제 하면 스님을 모시고 3~4일씩 짧은 여행을 다니곤 했습니다. 저는 운전면허도 없고 차도 없어요. 누가 보면 뭐라 하겠지만 연세 드신 스님께서 직접 운전하시고 저는 뒤에 타서 편하게 다니는 일정이었습니다. 하하. 여기저기 다니다보면 꼭 절을 지나가게 됩니다. 그러면 딱 참배만 하고 나오셨습니다. 절 주지스님이나 어른스님들을 번거롭게 하면 안 된다고 항상 주의를 주셨어요. 한 번은 전주 쪽을 지나다 완주 송광사에 들렀습니다. 절로 들어가는데 전 포교원장 도영 스님께서 마침 나오셨어요. 저와 다른 스님은 도영 스님께 인사를 드렸는데 적명 스님은 어느 순간 사라졌어요. 도영 스님께서 '같이 있다가 도망간 스님은 누군가?'라고 물으세요. '저희들도 모릅니다.'라고 말씀을 드렸습니다. 도영 스님도 그렇고 저희도 함께 껄껄 웃었습니다. 예정된 일정으로 절을 갈 때도 재미있는 해프닝들이 있었습니다. 절에 도착하면 대중스님들이 마중을 나와 있다 뒷좌석 문을 열어 주다가 깜짝 놀라지요. 저는 뒤에 탔고 적명 스님이 운전석에서 내리니 말입니다."

허담 스님은 최근 몇 년간은 적명 스님을 모시고 해외성지 순례도 다녀왔다. 여태 국외 여행이라고는 해보지 않았던 적명 스님이 백두산을 비롯해 미얀마와 태국의 성지 등을 다녀온 것이다.

"적명 스님은 참 호기심이 많으셨어요. 당신의 의문이 풀릴 때까지 묻고 또 묻는 성격입니다. 순례를 안내하던 가이드들이 스님의 다양한 의문을 풀어주자니 고생이 많았을 겁니다. 스님은 여행 가서 누구에게라도 불편을 끼치지 않는 분입니다. 어른

234

해제 다음날 동방장 마루에 놓인 적명 스님 바랑

대접 받는 걸 싫어하셔서 먹고 자는 일부터 이동까지 일행과
똑같이 움직이셨습니다."

적명 스님의 최대 관심사는 역시 수행이었다. 평소에도 '수
행정진 외의 일들은 다 군더더기다.'라고 말하곤 했다. 스님은
특히 후학들을 지도하는 것에 대한 고민이 많았다고 한다.

"봉암사에 계실 때 한 번은 스님께서 막 공부를 시작한 후학
들을 좀 가르쳐야겠다고 하셨어요. 그 말씀을 듣고 나중에 확인
해보니 정기적으로 점검을 해주신다고 하더라고요. 봉암사에
서 안거의 절반이 지나면 첫 보름 동안 3인 1조로 대중이 석참

적명 스님과 제주 앞바다 선상에서

수도암 선원 스님들과 반결제 산행
뒷줄 가운데 적명 스님, 앞줄 오른쪽 두 번째 허담 스님

夕參을 하고 또 그 다음 보름은 자율 석참을 했다고 합니다. 그래도 묻고 싶은 것이 있는 사람은 마지막 보름 동안 시간을 잡아 면담을 하셨어요. 스님께서는 공부인들에게 조금이라도 도움을 주고 싶어 하셨습니다."

허담 스님은 적명 스님을 '참 소중하고 귀한 어른'이라고 했다.

"앞으로 종단이나 선방에서 적명 스님만큼의 역할을 해주실 분이 계실지 모르겠습니다. 선원의 중심을 잡아주고 수행의 방향을 제시할 수 있는 선배가 있어야 후배들이 더 정진을 잘 할 수 있는데, 저는 그 점이 가장 아쉽습니다. 후배들이 찾아가면 '젊은 수좌, 어서 물으시게!'라고 맞이해 줄 수 있는 선지식은 항상 중요합니다. 스님이 봉암사에 좀 더 계셨으면 걸출한 납자衲子들이 많이 나왔을 것입니다."

커피향이 방 안을 가득 채울 즈음 인터뷰는 마무리됐다. 말씀을 풀어내는 허담 스님의 맑고 담담한 모습은 적명 스님의 모습과 다르지 않았다.

여여부동하게
당신의 길을 가신 수좌

각산 스님

서울 참불선원
선원장

한국불교 최고의 자산인 '참선'과 '명상'을 국내뿐만 아니라 세계에 전하고 있는 스님이 있다. 세계적인 스승들을 한국에 모셔와 대중들이 함께 귀한 말씀을 듣는 자리를 지속적으로 만들고 또 직접 세계로 나아가 참선과 명상을 많은 사람들에게 설명하고 지도한다.

서울 참불선원장 각산 스님 얘기다. 몇 년 전 작은 포교당으로 출발했던 참불선원은 이제 서울은 물론 한국을 대표하는 참선과 명상, 힐링의 도량이다. 관련 프로그램이 일주일 내내 이어진다. 쉬운 법문과 강의로 참불선원 법당은 빈자리가 없다. 이에 더해 펼쳐지는 국내외 최고 선지식善知識들의 법문은 그야말로 감로수가 되어 불자와 시민들의 마음을 적시고 있다.

오래 전 각산 스님에게 들었던 '참불'의 의미가 다시 생각났다.

"불교의 고유영역은 수행입니다. 그래서 참다운 불교는 참선에 있습니다. 모든 교리는 수행 속에서 나왔어요. 참선을 통해 삶을 바꿀 수 있습니다. 그것이 참된 불교입니다. 그렇게 되면 참된 불성佛性, 즉 중도자성中道自性을 볼 수 있습니다. '참불'의 의미를 굳이 따진다면, '참선불교'를 지향한다 생각할 수 있을 것입니다. 이곳 참불선원에서 참선과 명상을 통해 참된 불성을 찾아 참다운 불교를 실천하려 합니다."

오늘날 스님의 말씀은 정확히 구현되고 있었다. 스님을 만나기 위해 다시 참불선원을 찾았다. 초창기에 한 개 층에 불과했던 선원 규모는 이제 건물의 대부분을 차지할 만큼 성장했다. 공부하는 사람들로 붐비는 것도 이상하지 않았다.

'부처님 당시 불교와 지금의 간화선을 통합한 수행법을 한국불교에 처음으로 전파하며 새로운 불교수행의 방향성을 제시하고 있는 도심 속의 선승禪僧'이라는 수식어가 틀리지 않음을 각산 스님과 참불선원 대중들은 스스로 증명하고 있었다.

참된 수행법을 찾아다닌
구법의 시간

오랜만에 마주 앉은 각산 스님은 여전했다. 법法에 대한 확신은 단단했고 불자들을 대하는 모습은 여유가 넘쳤다. 스님의 출가 이야기부터 시작했다.

　각산 스님은 시절인연에 의해 해인사 행자실로 출가했다. 한동안 가르침을 받았던 법화경의 대가 스님이 해인사로 가 수행할 것을 당부했기 때문이다. 거기서 은사 보광 스님(해인사 희랑대 조실)을 만났다.

　"은사스님께서는 모든 것을 行행으로 보여주셨어요. 한 점 흐트러짐 없는 올곧은 선승이십니다. 은사께서는 늘 진정한 포교는 자기 안에서부터 이루어져야 한다고 하셨습니다. 자기 수행을 철저히 해야 한다는 것이죠. 특히 선교禪敎를 함께 닦으라고 강조하셨지요. 그래서 저는 자연스럽게 해인사 강원을 마치고 바로 선방에 다니기 시작했습니다."

　각산 스님은 송광사, 범어사, 통도사, 불국사 등의 선원에서 정진했다. 신심信心 나는 생활이었다. 그러다 어느날 문득 부처님 당시의 초기불교 수행에 대한 궁금증이 일었다. 공부에 관한 의문이라면 반드시 풀어야 했기 때문에 곧바로 짐을 쌌다.

　2003년에 미얀마로 가 수행센터에 방부를 들였다. 마하시 명상 수도원을 비롯한 몇 군데 수행센터를 거쳐 파욱 사야도를 모시고 밀림 속에서 공부를 계속했다. 스승이 스님의 수행이 어느 정도의 경지에 올라왔다고 인정했지만 스스로 만족하지 못했다. 2011년 태국의 숲속 전통 수행처를 거쳐 스리랑카 나우

야나 수행센터로 정진하러 갔다가 아잔 브람이라는 수행자에 대한 얘기를 듣게 되었다. 스님은 곧장 아잔 브람이 있는 호주의 숲으로 방향을 바꿨다. 그곳에서 얼마간의 정진 후 태국 본토의 명상스승과 티벳 불교의 현장까지 탐방하며 수행점검을 하다 보니 10년이란 시간이 훌쩍 지나버렸다.

"일부 미얀마 선원에서는 선정禪定 없이도 깨달음이 가능하다고 합니다. 그러나 파욱 사야도는 선정을 강조했습니다. 선종禪宗의 중요한 경전인『능엄경』에서도 수행에 관한 제일구第一句는 선정 삼매라 이르고 있습니다. 아잔 브람과 태국의 숲속 전통 스승들 역시 선정과 지혜를 함께 닦아야 한다고 하시더군요. 저도 정혜쌍수定慧雙修가 중요하다는 것을 확연히 느꼈습니다. 이국 땅에서의 짧지 않은 여정은 저의 수행관을 명확히 할수 있는 시간이었다고 생각합니다."

선사의 참 면모를
갖추신 분

국내로 돌아와 참불선원에서 수행과 전법에 집중하던 각산 스님은 2012년 아잔 브람 스님을 한국에 모시는 계획을 세우고 안팎의 전문가들과 준비팀을 꾸렸다. 대중법문과 함께 아잔브

동방장 앞에 선 적명 스님

람 스님이 한국의 선사禪師와 만나 대화를 나누는 무차대담 프로그램도 준비했다. 이때 제방의 수좌스님들과 준비위원회 스님들, 재가 수행자들은 한 목소리로 적명 스님을 추천했다.

"단순히 선禪에만 통달한 어른이 아니라 초기불교에 대한 이해도 뛰어나고 직접 체험한 분으로 유일한 어른이 적명 큰스님이었습니다. 스님을 모셔야 한다는 것에 이견을 제시하는 분이 아무도 없었어요. 그래서 전국선원수좌회 대표 의정 스님의 주선으로 2012년 하반기에 봉암사로 가게 되었습니다."

처음 만난 적명 스님은 솔직담백했다. 승랍이 한참 아래인 각산 스님을 도반과 같이 격 없이 대해줬다. 행사의 취지를 설명 드린 각산 스님에게 적명 스님은 흔쾌히 수락의사를 전했다.

"나는 산문 밖으로는 나가지 않네. 그러나 간화선 세계화를 위해서는 산문을 잠시 열겠네.'라고 하셨습니다. '대화를 하다 보면 서로의 장점을 수용하게 되고 또 우리의 장점은 더 알려지게 된다.'며 치하해주셨어요.

수좌 스님은 정말로 진솔하셨습니다. 꾸밈 없는 담백 그리고 온화함 그 자체였어요. 화두에 대해, 초기불교에 대해 때로는 법거량 하듯이 다소 거칠게 여쭤도 말초 후학인 저를 불성에 남북이 없듯이 승랍에 도가 있지 않다며 당신의 체험을 가감 없이 말씀하셨습니다. 그 말씀을 듣고 보니 여러 사람들의 추천이 틀리지 않았다는 확신이 들었습니다.

『육조단경』에 '유론견성惟論見性 불론선정해탈不論禪定解脫'
이라는 구절이 나옵니다. 견성만을 말할 뿐 선정에만 머물러 있
는 해탈은 논하지 않는다는 것이죠. 즉 일행삼매 속의 견성을
말씀하신 겁니다. 적명 스님께서도 이 말씀을 하셨고 저 역시
크게 공감했습니다. '견성은 앉아서 고요함만 찾으려 하는 선정
수행만으로는 완전하지 않다. 행주좌와의 일행삼매 선정과 지
혜가 있는 정혜쌍수여야 한다.' 이런 부분들부터 스님께 법의
폭을 배우고 확인했습니다. 그래서 금방 스님 말씀의 낙처를 알
게 되었습니다."

각산 스님은 이후로도 적명 스님과 여러 차례 부처님 법과
수행에 대한 대화를 나눴다.

"스님은 평생 참선으로 일관되게 살아오셨는데 경장과 교법
의 이론에도 해박하셨습니다. 어떤 분들이 와서 질문해도 대화
가 되는 겁니다. 스님 말씀을 듣다보면 어디서 저런 식견을 얻
으셨을까 싶을 정도로 놀랄 때가 많습니다.

적명 스님은 '우리가 남방불교, 북방불교를 나누고 초기불교
니 대승불교니 이야기하지만 근원은 하나라 본다. 어차피 불교
공부는 삼법인을 기본으로 하고 사성제를 수행의 근본으로 하
는 건데, 그렇다면 무상과 무아를 어떻게 봐야 할 건가 하는 문
제를 생각해야 한다.'고 하셨습니다. 또, '부처님 당시에는 어떻
게 정진했을까'를 항상 생각하다 보니 초기경전의 수행법을 담

고 있는 청정도론 등에 대해서도 통람을 하여 청정도론과 남방불교 니까야와 북방불교 아함경과의 차이점을 정확히 분석해 내고 계셨어요. 초기불교라고 이름하는 남방불교를 공부하는 사람들이 늘어나고 있는 현실에서, 그렇다면 당신도 그 내용을 제대로 알아야 섭수할 것은 섭수하고 보완할 점은 보완할 수 있다고 하셨습니다."

여러 번의 대화 끝에 각산 스님은 '이 어른은 믿고 의지할 수 있는 진짜 스승이시다'라는 확신이 들었다.

그리고 얼마 후 적명 스님과 아잔브람 스님의 대담 날짜가 정해졌다.

각산 스님이 적명 스님에게 여쭈었다.

"스님 소개를 어떻게 하면 좋을까요?"

"나? 그냥 '수좌'라고만 해줘."

"그래도 몇 말씀 더 넣어야 하지 않을까요?"

"아니야. 나는 그것밖에 없는데 뭘. 괜찮네."

각산 스님은 다시 한 번 생각하게 되었다고 한다.

"누구든 자신을 드러내려 합니다. 하지만 스님께서는 그냥 수좌라고만 하셨어요. 이 말씀 한마디에 스님의 모든 것이 녹아 있습니다. 정말 아름다운 표현이라고 생각해요. 이 말씀을 들으며 저도 나중에 '선승'이라는 말을 듣도록 수행의 지남으로 삼아 여법한 출가자의 삶을 살아야겠다는 생각을 여미게 되었습니다."

초기불교와 간화선의
만남

드디어 2013년 1월 16일 봉암사의 문이 열렸다. 초기불교 수행자를 위해 희양산문을 연 것은 이날이 처음이었다.

대중들의 뜨거운 관심 속에 법상에 오른 적명 스님은 기조 법문을 통해 간화선과 화두를 설명했다.

"간화선이란 화두를 참구하는 수행법이다. 화두라는 것은 보통 말이 아니다. 이것은 누구든지 의심하지 않을 수 없게 하는 말이고 이것에 대한 해답을 얻기만 하면 깨달음을 얻을 수 있는 황금과도 같은 말이다. 처음에는 생각을 따라가지만 이후에는 순수한 의심 상태가 되고 수행이 깊어지면 수면상태에까지 화두가 지속된다."

이어 적명 스님은 간화선과 초기불교의 대담에 대해서도 덧붙였다. "오늘 이 자리가 서로의 다른 점을 알고 특색을 배우는 정도에만 머물 수 있을지 모른다. 그러나 모든 사상 체계가 그러했듯이 꾸준한 교류를 통해서 서로를 이해하고 융화되어 가는 과정이 필요하다"

이 자리에서 아잔 브람 스님은 "내가 젊은 불자였을 때 어리석음이든 깨달음이든 아무런 구분이 없었다. 이미 내 삶에는 의심이 너무 많아서 그 해결 방식만 찾고 싶었다. 처음 명상을 할

초기불교 지도자 아잔 브람 스님과 두손을 맞잡은 적명 스님

때 깨달음에는 관심이 없었다. 그것은 너무 높은 곳에 있었다. 나는 명상의 깊은 선정삼매에 매료됐고 평화롭고 행복하기를 원했다"며 자신이 불교를 접한 계기를 설명했다.

　적명 스님도 평화롭고 행복해지는 것이 불교의 핵심이라고 강조했다. 스님이 말씀을 이어갔다. "불서를 보면 부처님은 이에 대해 매우 단순하게 말씀하셨다. 그것은 고통을 멸하는 것이다. 만약 한국 사람들에게 고통을 멸하는 방법을 얘기해 준다면 굉장히 효과가 있을 것이다. 다수의 사람들이 결혼, 자녀, 건강, 직장 등의 문제로 고통스러워하는 것을 많이 봤다. 의심하지 말고 평화롭고 행복해지기를 권해봐라. 그 궁극의 정점은 팔정도의 선정을 통해서 지혜와 해탈(열반)을 성취하는 것이다.”

각산 스님은 이 모임이 한국불교 간화선의 핵심을 이해하고 미얀마 불교식의 부파불교가 아닌 초기불교의 진수를 재정립할 수 있는 자리였다고 했다.

“두 대가가 솔직하고 자상하게 당신의 생각을 들려주신 아주 뜻깊은 날이었어요. 두 분 모두 수행체험을 크게 하신 분들이어서 서로를 존중하고 인정하면서 자신 있게 말씀해주셨다고 생각합니다. 한국불교 역사에서도 매우 의미 있는 자리였습니다.”

그런데 대화마당이 끝나자 아잔 브람 스님이 적명 스님에게 삼배를 올렸다. 갑작스런 인사에 적명 스님을 비롯한 모든 대중들이 어색해 한 것도 잠깐, 이내 두 분은 손을 맞잡고 오랜 도반처럼 서로를 향해 웃었다.

“좌담이 끝나고 아잔 브람 스님에게 소감을 여쭈었습니다. 아잔 브람은 적명 스님에 대해 ‘선사禪師의 모든 면모를 갖춘 분이다. 수행에 있어서의 날카로움과 대중들을 제접함에 있어서의 부드러움을 두루 갖췄다.’고 극찬했습니다. 이런 것들 때문에 저절로 우러나는 삼배를 하신 것이 아닌가 합니다.”

이후로도 각산 스님은 매 안거 때마다 참불선원 불자들과 함께 봉암사를 찾았다. 그 때마다 적명 스님은 “각산 스님 포교하

2015년 하안거 봉암사 대중공양에 동참한 참불선원 불자들

는 뚝심이 대단하구먼. 초기불교 명상과 간화선을 통합해 수행하고 가르치는 것은 쉬운 일이 아니네."라며 격려해 주었다.

"참불선원 불자들은 큰스님 친견만으로도 신심이 난다고 했습니다. 법문하시기 이전부터 저절로 감화를 받는 거죠. 수행승의 귀감이셨죠. 거기에 쉽고 명쾌한 법문까지 해주시니 더할 나위 없이 좋은 스승 인연을 만난 겁니다. 다들 인생의 최고의 행운이었다며 스님을 가슴에 담고 있습니다."

적명 스님의 원적圓寂이 알려진 날, 각산 스님은 처음으로 개원 7년 만에 참불선원의 문을 닫았다. 그리고 바로 봉암사로 향했다.

"부처님이 부르시고 승가가 요청하면 출가수행자는 달려가야 합니다. 저에게 적명 스님은 승가의 어른이시고 성자聖者였기 때문에 모든 일을 중단하고 봉암사로 갔습니다. 저는 지금도 은사스님 외에 가장 존경하는 스승이 누구인지를 물어보면 주저없이 적명 수좌스님을 말합니다. 저는 스님께서 좌탈입망坐脫立亡 하셨다 생각합니다. 마음이 흔들리지 않으면 그것이 바로 좌탈입망입니다. 희양산처럼 단단하게 서 계셨던 스님의 모습 자체가 조사祖師의 모습이셨습니다. 다비식이 끝나고 희양산을 아련한 마음으로 둘러보면서 저는 스님께서 당신의 길을 가셨다고 다시 생각했습니다. 희양산에서 모든 욕망을 여의었고 깨달음을 얻은 도인으로서 후학들을 지도해주셨다고 기억하고 있습니다."

각산 스님은 한마디로 적명 스님을 진실한 수행자의 사표로 정의했다.

"스님은 대중들과의 소통 능력과 통찰력이 남다른 어른이셨습니다. 상대방을 항상 진실되게 바라보셨어요. 스스로 상을 벗어나 있어서 그럴 수 있겠지요. 언젠가 은사스님께 적명 스님에 대해 여쭌 적이 있습니다. 두 분은 세수와 법랍이 비슷한데 적명 스님이 해인사 선원장을 하실 때 은사스님은 입승을 하셨어요. 은사스님께서는 '적명 스님은 선승답게 오직 수행 중심으로 선원 대중을 이끌었다. 또 항상 공명정대한 마음으로 살아서 큰 귀감이 되었다.'고 귀띔해 주셨습니다."

오랜 시간 적명 스님과의 인연을 드러낸 각산 스님은 앞으로도 스님이 걸었던 '곧고 바른 길'을 따를 것이라고 다짐했다.

"초기불교를 모르는 선불교 수행은 완벽한 대승이 아닙니다. 마찬가지로 선불교를 모르는 초기불교 수행은 아마추어적 소승으로 치부될 수 있습니다. 팔만대장경에는 초기부터 대승까지 다 망라되어 있지 않습니까. 우리 시대에 불교의 핵심을 꿰뚫어 본 분이 바로 적명 큰스님입니다. 저 역시 스님의 큰 가르침대로 수행의 한 길만 가는 출가자가 되기를 서원합니다."

스승은 바로 네 안에 있다

선타 스님

안양 선우정사
주지

안양국安養國은 모든 중생이 일체의 고통에서 벗어나 편안하게 살 수 있는 극락세계다. 안락국安樂國이라고도 하며 현재 안양시의 이름도 안양 유원지에 있던 안양사安養寺에서 유래했다고 한다.

안양에서 불자들의 안락처로 거듭난 선우정사禪友精舍를 찾았다. 5층 규모의 건물 두 개 층을 쓰고 있는 선우정사는 뜻 그대로 '마음을 같이 하는 진리의 벗'을 지향하는 도심포교당이다.

선우정사에는 적명 스님의 맏상좌 선타 스님이 부처님 법을 전하고 있다.

"안양은 아름다운 도시입니다. 딱 부처님 세계입니다. 그래서 저도 자호를 '안양安養'으로 했어요. 선우정사는 불교대학을 중심으로 지혜와 자비를 실천하는 정법도량으로 부처님 가르침을 널리 전하고자 애쓰고 있습니다."

선타 스님은 해인사 강사 시절 가야산 산내 암자에서 공부하던 불자들을 조직해 선우회를 만들었다. 지금의 선우정사와 불교대학은 선우회가 모태가 되어 이어지고 있는 것이다.

"지난 1993년 과천에서 개원해 운영하다가 2010년에 이곳 안양으로 왔습니다. 불교대학은 승가대학 강사 경험을 살려 운영하고 있는데 지금까지 거쳐 간 불자들이 이천 명이 넘습니다. 이번 봄에는 51기 학생들이 입학해『치문』을 공부하고 있지요."

선타 스님은 사찰 운영과 함께 안양 운불련 지도법사와 서울 구치소 교정위원 등으로 활동하며 포교의 일선에서 뛰고 있다. 스님이 이처럼 30년 가까운 동안 도심포교에 진력할 수 있었던 것은 스승 적명 스님의 격려가 큰 힘이 됐다.

이것도 인연이니
내 상좌 해라

"아직도 스승님께서 열반하셨다는 것이 실감나지 않습니다. 지금도 옆에 계신 것 같고 밝은 미소로 제 어깨를 두드려 주실 것만 같습니다."

잠시 눈시울이 불거지던 선타 스님이 출가와 적명 스님과의 인연을 들려주었다.

"중학교 때 우연히『불교성전』을 읽고 가슴에 큰 울림이 있었습니다. 발심發心을 한 것이죠. 그래서 도서관으로 달려가『금강경』,『법화경』,『화엄경』,『원각경』등을 탐독했어요. 경전을 보면서 삶의 목적이 무엇인지에 대한 고민을 했습니다. 모든 종교의 지향점은 '행복'이었어요. 그래서 4대 종교의 경전을 빠짐없이 읽었습니다. 그때 내린 결론이, 부처님 가르침만이 궁극적 행복을 가져다 줄 것이라는 확신이 들었습니다. 광주에 있는 고등학교로 진학하자마자 원각사, 관음사 불교학생회에 나가서 공부했습니다. 시간이 흐르면서 더 이상 학교에 있을 것이 아니라 하루 빨리 출가를 해야겠다는 생각이 들었습니다. 진리를 깨우치고 궁극적 행복을 얻기 위해서는 부처님 가르침대로 사는 것이 옳은 길이라고 생각했어요."

스님은 고3 여름에 '출가를 위한 가출'을 단행했다. 양산 통도사로 갔다가 얼마 후 다시 해인사로 갔다. 당시 해인사 도서관장 스님이 안양 보장사로 가 대강백 관응 스님을 친견할 것을 추천했다. 안양으로 올라가서 친견한 관응 스님은 고등학교를 졸업한 뒤 출가해도 늦지 않다며 귀가를 당부했다.

"오랜만에 집으로 가는데 논에서 아버지가 피를 뽑고 계셨습니다. 저와 눈이 딱 마주쳤는데, 아버지도 울고 저도 울었어요. 지금 생각해도 그때 아버지께는 너무 죄송했습니다."

고등학교를 졸업하자마자 스님은 다시 해인사로 갔다. 1980

년 초의 일이다. 행자생활을 하던 중 군 입영통지서가 나와 복무하고 해인사로 다시 돌아왔다.

"가야산에는 겨울이 빨리 옵니다. 알고 보니 겨울에는 행자들도 잘 들어오지 않더라고요. 당시엔 다 그랬지만 행자생활이 무척 힘들었습니다. 그래도 훌륭한 스님이 되자고 생각하며 버텨냈지요. 행자실에 걸려 있던 지월 스님의 '下心(하심)' 글씨를 보며 평생 겸손하고 마음을 낮추면서 살아야겠다는 다짐을 하곤 했습니다."

매서운 행자생활이 끝날 즈음 스님도 다른 행자들처럼 은사를 정해야 했다.

"적명 스님께서는 1982년 동안거 때 해인사 선원장으로 오셨습니다. 그때 스님은 카리스마가 대단했습니다. 눈에서 빛이 쏟아졌어요."

이런 멋진 수행자의 상좌가 되고 싶었던 행자는 용기를 내어 적명 스님이 머물던 극락전으로 달려갔다. 하지만 스님은 일언지하에 거절했다.

"나는 상좌 안 둔다."

적명 스님이 매몰차게 말했지만 선타 스님은 몇 번을 더 찾아갔다. 답은 변하지 않았다.

고심 끝에 선타 스님은 방편을 썼다. "선원장스님이 나를 상좌로 받아주셨다.”며 주위에 말을 냈던 것이다.

어느 날 스님들이 적명 스님에게 인사를 건넸다.

“선원장스님! 상좌 받으셨으면 한 턱 내야죠.”

“네? 그게 무슨 말씀입니까?”

“정 행자가 선원장스님을 은사로 모셨다고 하던데요? 산중에 소문이 다 났습니다.”

“허허. 정 행자 그놈 참….”

그런데 이날 적명 스님은 선방스님들에게 크게 대중공양을 냈다고 한다.

다음 날 선타 스님이 다시 적명 스님 방을 찾았다.

“상좌 왔습니다.”

“상좌 둔 일 없는데? 하하. 이것도 인연이니 내 상좌 해라.”

항상 바른 수행자가 되어라

곡절 끝에 적명 스님의 상좌가 된 스님은 더욱 자신감이 붙어 뭐든 할 수 있을 것 같았다.

“제 법명은 은사스님께서 주셨습니다. 스님이 존경하던 어른 중 한 분이 동화사 비로암에 계시던 범룡 노장님입니다. ‘선타'를 법명으로 썼던 노장님의 맏상좌가 속퇴를 하자 스님께서 '선타'라는 법명을 점찍어 두셨다고 해요."

적멸 스님은 첫 상좌에게 법명을 주며 당부의 얘기도 빼놓지 않았다.

"선禪은 마음이다. 타陀는 두타행頭陀行, 실천행을 말한다. 청정한 마음으로 수행하고 실천하는 수행자가 되어야 한다."

법명을 받고 며칠 뒤 해인사 지족암에 갈 일이 생겼다. 당시 지족암에는 일타日陀 스님이 주석하며 후학들을 제접하고 있었다. 일타 스님에게 삼배三拜를 올렸다.

"자네 법명이 무엇인가?"

"선타입니다."

"그래? 지금까지는 불타 밑에 일타였는데 자네도 이름처럼 한몫 하는 수행자가 되어야지. 하하. 좋은 법명을 받았으니 열심히 정진하시게."

해인사 선원장 소임을 마친 적멸 스님은 지리산 천은사 방장선원 선원장으로 자리를 옮겼다. 선타 스님은 적멸 스님을 뵈러 지리산으로 갔다.

"은사스님을 뵈러 천은사에 갔는데 마치 제 고향에 온 것 같은 느낌을 받았습니다. 전생에 많이 살았던 곳 같았어요. 스님께 인사드리고 이런 저런 말씀을 나누었죠. 스님은 천은사에서 속가 어머니를 모시고 계셨어요. 어머니가 많이 편찮으셨거든요. 그 후로도 스님은 수행처를 옮길 때마다 어머니를 모시고 다니기도 하고 또 일반 민가를 얻어 봉양하기도 했습니다. 해제 후 해제비를 받으면 어머니 모시는 비용으로 많이 쓰셨던 효심 깊은 분이십니다.”

선타 스님은 적명 스님이 양산 내원사 비로토굴에서 정진할 때도 자주 찾아 뵈었다.

당시 선타 스님이 적명 스님에게 도발적인 질문을 던진 일이 있다.

“스님, 저 깨달았습니다.”

“하하. 그래? 그런데 어쩌나. 나는 깨닫지 못해서 점검을 못 해 주겠다. 네 스스로 잘 살펴봐라. 스승은 밖에 있는 것이 아니라 네 안에 있다.”

젊은 혈기로 스승 앞에서 목소리 높인 상좌에게 스승은 단호하게 일렀고 선타 스님은 고개를 숙였다.

시간이 흘러 다시 비로토굴에서 적명 스님을 만난 선타 스님이 화두 얘기를 꺼냈다.

“스님께서 말씀하신 ‘북두北斗를 면남관面南觀하라’는 화두에 대해 제가 말씀드리겠습니다.”

“그래?”

“북두는 우리의 불성이자 본래 자성자리를 말하고 면남관은

선우정사 불자들과 함께 희양산에 오른 적명 스님과 선타 스님

일상생활입니다. 우리 일상생활 속에 불성이 살아 있고 그 불성을 잘 알아차리라는 말씀으로 여겨집니다."

적명 스님은 빙긋 웃으셨다.

선타 스님은 적명 스님이 정진했던 해인사, 천은사, 백장암, 통도사, 수도암, 용화사, 백양사, 비로토굴, 은해사 기기암 등을 빠지지 않고 다니며 가르침을 구하고 또 스승의 안부를 살폈다.

"스님께서는 보통 자리를 옮기면 2~3년 정도는 한 곳에 머무셨습니다. 오대산 북대에 계실 때 찾아가면 스님과 마주앉아 공양했는데 산나물이 좋은 곳이어서 행상 공양이 빈약했던 스님께서도 잘 드셨지요."

적명 스님이 봉암사 수좌로 추대된 뒤에도 마찬가지였다. 스님은 선우정사 신도들과 함께 대중공양을 올리고 동방장東方丈실에서 수시로 이야기꽃을 피웠다.

"은사스님께서는 항상 '식심달근본識心達根本'을 말씀하셨어요. 마음을 알아 근본을 통달해야 한다는 말씀이죠. 또, 항상 바른 수행자가 될 것을 강조하셨습니다. 흐트러짐 없어야 한다는 거지요. 그리고 수행자는 항상 가난해야 한다고 하셨습니다. 스님 주변은 항상 정리정돈이 잘 되어 있었습니다. 수행에서도 그렇고 생활적인 면에서도 그러셨습니다."

부처님 같고
아버지 같은 스승

선타 스님은 은사 적명 스님과 '가깝고도 먼 사이'였다고 했다. 인연은 그 누구보다 가까웠지만 한번도 곁에서 모시지 못한 아쉬움이 컸던 까닭이다.

"제가 1959년 5월 29일에 태어났고, 스님은 5월 14일에 출가하셨습니다. 제가 태어나기 보름 먼저 출가하셔서 저를 기다린 것이 아닌가 하는 객쩍은 생각을 합니다. 은사스님 곁에서 더 시봉을 했어야 하는데 항상 죄송한 마음뿐입니다."

그래도 적명 스님은 선타 스님이 자리를 옮겨 도심포교에 나설 때마다 찾아와 격려를 아끼지 않았다고 귀띔했다.

"스님께서는 대중들에게 참선을 지도하셨지만 저에게는 '네 길은 네가 개척하라.'고 하셨어요. 선사나 강사를 특정하시지도 않았고요. 제가 해인사 승가대학 강사를 막 시작할 무렵 직접 편지를 주셔서 '남의 스승이 되는 것은 쉬운 일이 아니니 항상 살피고 살펴야 한다. 훌륭한 선지식을 키워낼 수 있도록 최선을 다하라.'고 당부하셨습니다. 선우정사에 오셔서도 제가 30년 넘게 도심포교에 매진하는 것이 대단하다며 격려해 주셨지요."

적명 스님과의 인연에 대한 말씀을 이어가던 선타 스님이 쪽지를 하나 내밀었다.

"스님 입적 직후 동방장실 서랍에서 유품을 정리하다 발견한 메모입니다. 스님께서 남긴 마지막 말씀이라 여겨져서 간직하고 있습니다. 아마도 당신께서는 오래 전부터 열반을 생각하고 계셨던 것 같습니다."

온갖 있는 것 비우기를 소원할지언정 없는 것을 채우지는 말아야 한다.
잘 계시라. 세간은 모두가 메아리와 그림자 같다.
_ 방거사 임종게

은사 적명 스님과 동방장에서

일년 내내 출재가자들을 맞았던 봉암사 동방장

삼간三間 초옥에 사노라니

한가닥 신비로운 빛 만경에 한가롭다.

옳고 그름을 가지고 나와 따지려 하지 말라.

허망한 중생의 시비와는 관계없다.

_마조 법사가 담주용산 화상에게

스님은 여전히 스승의 자취가 고스란히 남아 있는 봉암사 동
방장 주련을 얼마 전 한글로 풀었다며 글을 보여주었다. 봉암사
를 이전처럼 자주 가지 못할 것 같아 스승이 그리울 때마다 한
번씩 되뇌어 볼 마음으로 옮겨 정리했다고 한다.

吾住此庵吾莫識 오주차암오막식

내가 이 암자에 머무르나 나는 이 암자를 알지 못하네

深深密密無壅塞 심심밀밀무옹색

심심하고 밀밀하지만 옹색함이 없어라

函盖乾坤沒向背 함개건곤몰향배

하늘과 땅을 다 덮지만 어찌 할 수도 없고 자취도 없어라

不住東西與南北 부주동서여남북

동서남북 그 어디에도 머무르지 않고 자유롭기만 하네

先有此庵方有世界 선유차암방유세계

먼저 이 암자가 있었고 이어서 세계가 있었다

世界壞時此庵不壞 세계괴시참암불괴

세계가 무너질 때도 이 암자는 무너지지 아니하고

庵中主人無所不在 암중주인무소부재

암자의 주인은 어느 곳이든 머무르지 않는 곳이 없다

月照長空風生萬賴 월조장공풍생만뢰

달빛은 장공을 비추고 바람은 만 가지 작용을 일으킨다

　스님은 적명 스님의 대종사 추대 법계증과 불자, 생전에 찍은 사진 등 유품들을 내놓았다. 그리고 적명 스님이 마지막 등산 때 사용했던 스틱도 가져왔다. 스틱에는 아직도 희양산 흙이 그대로 묻어 있었다.

　선타 스님은 인터뷰 내내 스승에 대한 그리움을 드러내었다.

　"은사스님께서 봉암사로 가실 때 대중들은 조실로 모셨지만 극구 사양하셔서 수좌로 사셨습니다. 상좌인 제 입장에서는 스님의 겸양이 좀 아쉽긴 했지만 정진 잘 하시는 어른스님들 대부분은 다들 자신이 깨닫지 못했다 하시지요. 그런 맥락에서 말씀하신 것이 아닌가 싶습니다. 봉암사 같이 큰 대중이 모여 공부하는 회상에는 단단한 수행 가풍이 만들어져야 선원이 여법하게 운영될 수 있습니다. 조실이라는 이름 자에 걸리지 않고 대중들과 함께 공부하는 수좌의 모습으로 살아가신 것이 은사스님의 참 모습이라 생각하고 존경합니다."

스승 입적 후 법당에 적명 스님 사진을 모시고 추모하는 선타 스님

　스님은 마지막으로 스승을 추모하며 다짐했다.

　"은사스님은 저에게 부처님과 같았습니다. 항상 청정한 모습으로 당신 스스로에게는 혹독하고 대중에게는 너무도 자상한 아버지 같은 부처님이셨습니다. 평생 수좌로서 당당하게 살아가신 스님을 본받아 열심히 정진하고 유지를 계승하도록 노력하겠습니다."

평생 보살심으로 살아가신
수행자

영운 스님

영천 은해사
백흥암선원장

오랜만에 팔공산으로 향했다. 일타 스님의 미소가 깃든 은해사를 거쳐 성철 스님과 향곡 스님이 함께 정진한 운부암에서 선지식善知識들의 향훈을 살폈다. 이어 적명 스님이 봉암사 수좌로 가기 전까지 머물렀던 기기암에 오르니 스님은 가고 안 계셔도 '참선도량'이라는 묵직한 글씨가 여전히 객을 반긴다.

다시 계곡을 타고 내려와 산을 넘어 백흥암으로 갔다. 백흥암은 2012년 개봉해 화제가 됐던 비구니 스님들의 일상과 수행과정을 담은 영화 '길 위에서'를 통해 잘 알려진 곳이기도 하다.

은해사 산내 비구니선원 백흥암은 봉암사 선원처럼 일반인의 도량 참배를 제한하고 있는 수행중심 선방이다.

백흥암에는 극락전(보물 제790호)과 극락전 안의 수미단(보물 제486호)이 있어 사찰 전각의 빼어난 멋을 보여준다. 극락전 바로 옆에는 번뇌를 단칼에 베어내고 지혜의 칼을 찾는 심검당尋

劒堂이 자리하고 있다. 백흥암의 선방이 바로 심검당이다. 스님들은 결제 기간 이곳에서 매일 12시간씩 정진한다. 오전 3시 30분 입선에 들어 방선과 공양, 정진을 이어가다가 밤 10시가 되서야 마무리된다.

백흥암은 수좌스님들뿐만 아니라 신도들의 정진력도 남다르다. 선원장 영운 스님 지도로 벌써 10년 넘게 금요법회를 통해 공부를 하고 있다. 1시간 동안 법문을 듣고 2시간 화두참구하는 일정에 20명 넘는 불자들이 함께 하고 있다.

수행 중심으로 살아가는
백흥암

맑은 수행자가 살고 있는 암자는 아름답다. 기운부터 다르다. 평생 좌복을 떠나지 않은 영운 스님이 주석하고 있는 무이당無二堂 문을 두드렸다.

70대 중반이라고는 믿기지 않을 정도로 영운 스님은 맑고 깨끗했다. 스님의 환한 미소에 저절로 고개가 숙여진다.

영운 스님은 1964년에 출가한 이후 울산 석남사와 산청 대원사를 비롯한 제방에서 정진했다. 법명法名을 지어준 성철 스님의 바람대로 공부하고 또 공부했다.

백흥암 극락전과 선방인 심검당

"은사 현묵 스님 손에 끌려 문경 김용사에서 성철 큰스님께 인사를 드리고 법명 '靈雲(영운)'을 받았어요. 환희심이 났습니다. 아마도 구름처럼 바람처럼 살라고 주신 이름인 것 같아요. 참 좋은 법명을 지어 주셨는데 이름값을 못 하고 있습니다.

큰스님께서 매일 1000배와 함께 『육조단경』을 공부해서 참선을 할 것인지, 강원에 가서 『서장』을 배우고 참선을 할 것인지 결정하라고 하셔서 전자를 선택했어요. 책을 보기 시작하면 끝이 없을 것 같아서 그랬지요. 큰스님께서 『육조단경』을 가로로, 세로로, 앞으로, 뒤로 외워 오라고 하셨습니다. 당신께서 물으셨을 때 막힘 없이 답할 정도로 공부를 하라고 하셨어요. 큰스님 말씀대로 밤낮으로 책을 보고 또 봤습니다. 석남사 계곡에서는 저도 모르게 졸다가 『육조단경』이 물에 떠내려간 적도 있었어요. 책을 다 보고 나서야 '시심마是甚麼' 화두를 받았습니다. 그 후 줄곧 선방에 다녔어요. 큰스님께서 재가자 신분으로 동정일여動靜一如의 경지를 체험했던 산청 대원사 선원에서 공부할 때가 가장 기억에 남습니다. 지금은 구름처럼 못 살고 있지만 언젠가 그리 될 날을 위해 공부에 매진하고 매진합니다. 가르침을 주시던 성철 큰스님이 안 계신다는 생각이 들 때마다 그리움과 아쉬움이 큽니다."

비구니 수좌계의 어른이셨던 인홍 스님의 가르침을 따라 성철 스님의 가풍을 이어받고 있는 울산 석남사 주지를 역임하고 2004년부터 백홍암 선원장을 맡고 있는 영운 스님은 비구니 수좌스님들의 모임 '전국비구니선원선문회'의 초대회장으로 활동했을 만큼 신망이 높다. 석남사 주지 시절을 제외하면 영운 스님은 백홍암에서만 계속 정진했다.

영운 스님에게 백홍암 선원의 과거와 현재, 미래를 들었다.

"백홍암이 비구니 수행도량으로 면모를 갖추게 된 것은 40여 년 전, 전前 전국비구니회장 육문 스님과 제가 의기투합하면서부터입니다. 평소 각별한 인연을 이어왔던 육문 스님과 함께 선원을 할 수 있는 도량을 찾다 백홍암까지 왔어요. 1981년 가을의 일입니다. 이곳에 처음 왔을 때 양산 내원사 출신 비구니 스님이 계셨는데 우리의 말씀을 듣고 흔쾌히 마음을 내 주셨습니다. 겨우내 메주를 쑤고 장작을 준비해 이듬해 봄부터 정진을 시작했습니다.”

영운 스님과 육문 스님은 역할을 나눴다. 영운 스님이 선방을 맡고 육문 스님은 백흥암 살림을 맡았다. 선방인 심검당이 불자와 시민들이 주로 참배하는 극락전 바로 옆에 있어 ‘수행에 방해가 될 수 있다’는 우려에 따라 육문 스님께서 불가피하게 산문출입을 제한했다고 한다.

근자에는 많이 줄었지만 백흥암선원은 대중이 많을 때 30명까지 방부를 들였다고 한다. 선방이 좁아서 마당에서 포행을 할 정도였다. 외호대중까지 하면 50여 명이 함께 정진하곤 했으니 신심 나는 모습이 아닐 수 없다.

팔공산의 선지식
적명

영운 스님은 적명 스님을 기기암선원에서 처음 만났다. 백흥암선원에서 입승으로 정진하다 울산 석남사 주지를 6년간 맡아보고 백흥암선원장으로 복귀하면서 적명 스님을 뵙게 된 것이다.

“적명 스님이 오시기 전에는 휴암 스님이 기기암선원에 계셨습니다. 전기도 들어오지 않던 시절부터 휴암 스님께서 고생을 많이 하셨어요. 오늘날의 기기암선원은 휴암 스님이 기반을 닦으셨고 적명 스님께서 가풍을 정립하셨다고 생각됩니다.

적명 스님께서는 기기암선원을 공부인 중심의 도량으로 만들었습니다. 때로는 엄격하면서 또 때로는 자유로움을 느낄 수 있는 곳으로 다져주셨어요. 기기암 주지셨던 인각 스님은 든든하게 선방을 외호해주셨습니다. 묵묵하게 선원대중을 살피던 인각 스님의 모습이 아직도 생생합니다. 적명 스님과 인각 스님은 서로를 존중하면서 기기암선원이 팔공산의 중심선원이 될 수 있도록 하셨습니다.

제가 다시 백흥암으로 돌아왔을 때 기기암에 어른이 계시니 좋은 점이 한 두 가지가 아니었습니다. 언제라도 찾아뵙고 공부를 여쭐 수 있잖아요. 백흥암 대중들은 반철 법문을 적명 스님께 들었습니다. 설에는 세배를 드리기도 했습니다. 처음 뵈었을 때 너무 자비로운 모습이셨어요. 어렸을 때부터 스님에 관한 말씀을 많이 들었지만 생각보다 훨씬 부드러운 모습이었습니다."

영운 스님은 어느 해 반철 때 들었던 적명 스님의 법문 한 대목을 그대로 기억해냈다.

"이 공부는 급하게 마음먹으면 안 된다. 대해수大海水를 바가지로 퍼내듯이 공부해야 한다. 펑퍼짐하게 주저앉아서 한 바가지 한 바가지 정성껏 퍼내야 한다. 그렇게 꾸준하게 하다 보면 대해수가 뒤집어질 날이 반드시 온다. 대해수가 뒤집어지는 그

순간 공부에 큰 변화가 올 것이다."

백흥암 비구니 스님들에게 들려주는 적명 스님의 말씀은 차분하고 설득력 있었다.

"스님께서는 항상 수좌의 자존심을 가지라고 하셨어요. 급하게 마음먹지 말고 끈기 있게 공부할 것을 주문하셨습니다. 차근차근 하시는 말씀을 듣다 보면 절로 고개를 끄덕이게 됩니다. 우리 대중들도 그렇고 저 역시도 적명 스님의 법문을 들으면 공부에 힘이 붙었습니다. 스님의 말씀을 가슴에 새겼다가 찾아오는 후학들이나 신도님들에게도 들려주곤 했어요. 회상은 달라도 공부의 길은 비슷하기 때문에 대중들이 공감하지 않았나 싶습니다."

기기암 왕래가 늘어나면서 적명 스님의 주변을 챙기는 일도 생겼다. 하루는 적명 스님이 '부탁'을 해왔다.

"엊그제 건강검진을 했더니 기관지가 많이 안 좋아졌다 하네. 좋아하는 커피를 끊지 않으면 안 된다고 그래. 의사가 차를 마시라고 하는데 영운 스님이 차 좀 추천해 주시게."

전화를 받자마자 영운 스님은 아끼던 차부터 챙겼다. 스님이 가지고 있던 귀한 차와 다구들을 모두 정리해 기기암으로 보냈다. "이제 그 다방커피 그만 마시고 차를 드시면서 건강을 챙기셔야 한다."는 말씀도 함께 보냈다.

"며칠 지나서 스님께 전화를 드렸지요. 차 잘 드시고 계시냐

어느 봄날에

평생 벗인 '다방커피'를 만들고 있는 적명 스님

고 여쭈었더니 웃기만 하십니다. 그래서 느낌이 왔어요. '스님! 차 좀 챙겨드세요!'라고 한 말씀 드렸더니 '아무래도 커피를 놓을 수 없는 것 같다.'고 하십니다. 하하."

이후 적명 스님이 건강을 회복했다는 소식은 팔공산 산행 중 스님을 만난 백흥암 스님들을 통해서 확인할 수 있었다.

시간이 흘러 적명 스님이 봉암사로 가게 됐다는 소식이 들려 왔다. 적명 스님은 영운 스님에게 직접 전화를 걸어 '소문'을 확인해줬다. 영운 스님은 서운함을 감출 수 없었다.

"적명 스님도 서운하셨는지 백흥암에 직접 오셨어요. 이런 저런 말씀을 나눈 뒤 스님을 모시고 군위 법주사로 갔습니다. 육문 스님이 선방불사를 하려던 참이었거든요. 스님께서 선방 터를 보시고 좋은 곳에 자리를 잡았다고 칭찬해주셨습니다. 그 날의 공양이 적명 스님과의 마지막 공양이었습니다."

적명 스님이 봉암사 수좌로 추대된 뒤 영운 스님은 한 번도 봉암사에 가지 못했다. 대신 백흥암선원 대중들을 보냈다.

"백흥암에서 왔다고 하면 그렇게 좋아하셨다고 합니다. 제 안부도 항상 물어주셨구요. 우리 대중들이 봉암사에만 갔다 오면 좋은 기운을 받아 더 열심히 정진했습니다. 어른을 뵙고 오는 이유가 바로 그런 것 때문입니다. 적명 스님께서 한 번은 우리 대중들에게 젊은 시절의 일화를 들려주셨습니다. 당신이 공부에 각성한 계기가 됐던 내용이라 하는데 기록해둔 것이 있어

옮깁니다."

내가 30대 초반 쯤 겪었던 일을 들려주고자 합니다.

나의 출가 사찰은 나주 다보사인데 거기에 은사이신 우화 큰스님이 계셨습니다. 한번씩 초파일이면 찾아가서 일을 봐드리고 오곤 했어요. 그리고 일을 다했다 싶으면 바로 다보사에서 나왔지요.

어느 날엔가 그날따라 마음이 싱숭생숭해서 땅만 보며 걸었습니다. 발끝만 쳐다보며 목적지 없이 가다가 해가 저물어 잘 곳을 찾았는데 지나가던 사람에게 근처에 절이 없는지를 물으니 산길을 따라 가라고 했습니다.

그래서 계속 올라갔더니 전에도 본 적 없고 지금까지도 보지 못한 허물어져가는 절이 떡 하니 나타나는 겁니다. 누각은 기울어져 있고 넘어지지 않게 통나무를 받쳐놓아 위태롭게 보였어요. 누각을 지나 마당에 들어서니 법당이 나타났습니다. 근데 법당 문을 열고 들어가는 순간 우다다닥 소리가 나는 겁니다. 들여다보니 법당 문이 뻥 뚫려서 쥐가 마음대로 들락날락 다니고 있었어요. 나한전에는 성한 나한이 하나도 없어 팔이 부러지거나 다리가 없었고 옻칠이 벗겨져 있구요.

요사채에 가서 주인을 찾았더니 노장 한 분이 나오는데 대처승이었습니다. "객이 하룻 저녁 쉬어갈 수 있겠습니까?" 하고 물으니, "절인데 중이 못 쉬겠습니까?" 하고 허락을 해주데요. 보살님이 저녁을 해줘서 먹었는데 곧장 노장님이 채 익지 않은 보리를 베어 왔습니다. 그 이삭으로 다음 날 아침밥을 짓는다 합니다. 노장님이 말하기를 "내가 어려서 아버지 따라 절에 들어왔는데 하나 있는 아들놈도 광주로 고등학교를 보냈더니 머리를 깎고 스님이 됐다."며 멋쩍게 웃는 겁니다.

다음날 아침 길을 나서려는데 보살님이 나와서 "스님 잠깐만 기다리세요!" 하며 따라왔습니다. 먹을 것도 없는 집에 하루 묵고 염치없이 어찌 차비를 얻어갈 수 있겠나 싶어 얼른 나와 버렸지요. 그랬더니 보살님이 지름길로 쫓아 와 결국 보살님에게 잡혔습니다.

보살님은 봉투를 하나 전해주면서, "제가 이렇게 기를 쓰고 쫓아온 것은 부탁드릴 게 있어서…"라고 입을 열었습니다. 보살님은 그렁그렁한 눈으로 "우리 아들스님이 집을 나간 지 3년이 됐는데, 어느 절, 어느 스님 상좌가 됐고 법명은 무엇입니다. 혹 다니시다가 우리 스님 만나면 말씀 좀 전해 달라."고 합니다.

무슨 말인지 알 것 같아 대뜸 "보살님, 걱정하지 마세요. 그 스님 만나기만 하면 반드시 집에 가서 어머니 한 번 뵙고 가라고 전하겠습니다."고 했습니다.

그랬더니 보살님이 울면서 "그게 아니고요! 스님 만나면 절대 집에 오면 안 된다고, 이 어미를 보고 싶어 하면 안 된다고 전해

봉암사 마당에 붉은 잎을 떨구는 백일홍

주세요. 오직 부처님 길만 가달라고, 엄마가 그렇게 부탁하더라고 전해주세요."라고 하는 겁니다.

그 말에 나는 크게 한 방 얻어맞았습니다. 그렇게 아름다운 모습을 본 적이 없었습니다. 지금도, 아들이 보고 싶은 마음을 누르고 부처님 길을 가라고 당부하며 울고 서있는 보살님의 모습이 거룩하게 생각납니다. 잠시 나태해졌던 내가 정신을 바짝 차렸습니다. 여러분들도 그 보살님의 마음을 생각하며 쉼 없이 정진하시길 바랍니다.

영운 스님은 백흥암선원을 갈무리하면서 본분사 찾는 일에 매진하느라 스님을 오래 찾아 뵙지 못했다.

"기기암에서처럼 봉암사에서도 잘 계시리라는 생각만 했습니다. 법체 건강하셨구요. 이렇게 가시리라고는 생각도 못했어요. 매 철 방함록을 받아볼 때마다 봉암사 대중이 엄청 많은 걸 보고 깜짝 놀랍니다. 100명이 넘는 대중들을 10년 넘게 지도해 주셨잖아요. 많이 힘드셨을텐데… 선원을 책임지고 이끌어가는 스님들은 크게 공감하실 거에요. 굉장한 자비심이 아니면 할 수 없는 일입니다. 그야말로 보살의 마음으로 한없는 사랑을 베풀어 주셨다 생각합니다."

시종 밝게 이야기하던 영운 스님의 얼굴에 적명 스님에 대한 그리움이 스쳐 지나갔다.

"적명 스님은 수행자의 길을 바르게 가신 분입니다. 당신의 행行과 공부길이 정확했던 어른입니다. 오직 공부를 위해 사셨고 후학들 역시 반듯하게 공부의 길을 가길 원하셨습니다. 앞으로도 스님 생각이 많이 날 것 같습니다."

스승님이자 아버지 같은
적명 스님

김동호 거사

속가 동생

휴대폰 속 목소리는 영락없는 적명 스님이었다. "여보세요!"라는 목소리에 순간 놀랐다. 전화기에 아직 저장되어 있는 적명 스님 번호를 잘못 눌렀나 하는 착각이 들 정도였다. 따뜻한 말씀말씀이, 호탕한 웃음소리가, 차근차근 설명해주는 모습도 적명 스님과 다르지 않았다.

마음을 추스르고 인터뷰를 청했다. 유일한 속가 동생인 김동호 거사님(前 제주 오라초등학교 교장)으로부터 적명 스님 출가 전 삶을 듣고 싶었다.

"목소리는 비슷해도 외모는 좀 다르지요? 목사님처럼 생긴 제가 부처님 가르침을 따른다고 하면 다들 놀라요."

제주에서 올라온 거사님이 대전 현충원을 찾았다. 근대 제주 불교의 거목이었던 할아버지 김석윤 스님에게 인사를 드리기 위해서다. 정성껏 예를 올린 거사님과 자리를 옮겨 말씀을 들었다.

삼대에 걸친 출가 수행자 집안

"저희 할아버지는 김석윤 큰스님이십니다. 스님은 1909년 제주 의병항쟁의 주역이셨고 일제 시대에는 독립운동을 하셨어요. 스님께서는 일제의 지속적인 감시를 받았습니다. 그래도 제주와 육지를 오가며 독립운동을 지속하셨고 이와 함께 전법傳法에도 진력하셨어요.

대대로 저희 집안은 유학儒學을 신봉했습니다. 증조부 때 집안이 아주 번성했다고 합니다. 스님께서 어릴 적 다닌 서당의 훈장님이 불교에 관심이 많아 그 영향을 받으셨다고 해요. 그래서 유교적 정신을 지닌 스님이 되셨다고 생각됩니다. 지조가 있으면서도 대중을 사랑하고 정의감에 넘쳤던 어른이었다는 말씀을 많이 들었습니다. 큰스님의 성격은 적명 스님께 고스란히 전해진 것이 아닌가 싶기도 합니다.

김석윤 스님께서 의병항쟁을 주도하고 독립운동을 이끌면서 집안이 급격히 쇠락했습니다. 그래도 스님께서는 사재를 털어 1934년 제주 최초 선원이었던 제주포교소 월정사(現 정실 월정사)를 창건하셨고 해방 후에는 제주불교혁신회 고문으로서 제주불교 발전과 정통성 회복에 힘쓰시다 1949년 8월 입적하셨습니다."

김 거사님은 집안의 역사에 대해 먼저 설명했다. 김석윤 스

적명 스님의 조부 김석윤 스님
부친 김성수 스님
적명 스님

님에게는 4남 4녀의 자녀가 있었다. 그 중 3명의 아들이 출가를 한다. 둘째 김성수 스님, 셋째 김인수 스님, 넷째 김덕수 스님이다. 덕수 스님은 1948년 4·3당시 월정사를 지키다 그해 12월 군경 토벌대에 끌려가 제주시 아라동 하천인 박성내에서 총살당했다는 소문만 들려왔다고 한다. 덕수 스님의 비는 월정사 울타리 밖에 외로이 서 있다가 가족들의 좌전으로 이전을 했다고 전해진다. 이어 적명 스님의 부친 성수 스님이 1949년 7월 지병으로 39세의 젊은 나이에 입적했다. 자식을 연이어 잃은 김석윤 스님은 그해 8월에, 3년 뒤인 1952년에 김인수 스님도 입적했다.

김석윤 스님의 아들 중 성수 스님이 두각을 나타냈다. 스님은 관음사 2대 주지 오이화 스님을 은사로 출가해 활발한 활동을 펼쳤다. 성수 스님의 아들이 바로 적명 스님과 김동호 거사님이다.

"사실 저와 적명 스님은 8살 터울의 이복형제입니다. 적명 스님 위로 누님이 한 분 더 계셨고요. 제 막내 고모님의 딸도 출가해 수행자가 되었습니다. 제주도 여련암에서 수행하고 있는 제아 스님입니다. 제아 스님이 출가할 때 적명 스님께서 많이 좋아하셨던 기억이 납니다. 스님께서는 제아 스님이 수행에만 진력할 것을 당부하셨습니다. 암자 이름을 '如蓮庵(여련암)'이라 지어주실 정도로 제아 스님을 아끼셨습니다."

'독립운동가 집안은 3대가 어렵다'는 말이 맞는지 적명 스님의 집안 역시 어려웠다. 스님은 야간 오현중학교를 다니며 낮에는 일을 해야 했다.

"스님의 중학교 시절이 아직도 생각납니다. 상의 단추는 항상 풀어져 있었고 모자는 삐딱하게 쓰고 다녔습니다. 동네에서는 불량학생으로 소문이 났었습니다. 근데 스님은 중학교 시절 공부는 안했지만 책을 엄청 좋아하셨어요. 돈만 생기면 책방에 가서 책을 보는 게 스님의 낙이었지요. 독서량이 얼마나 많았는지 제주 시내 책방에 신간이 아니면 읽을 책이 없을 정도였습니다. 스님은 그때 책을 많이 읽은 것이 당신의 삶을 변하게 만들었다고도 하셨습니다. 그러다가 고등학교에 가서는 마음을 고쳐먹고 공부를 열심히 하셨어요. 오현고는 물론 제주도에서도 손꼽힐 정도로 공부를 잘 하셨습니다. 아시듯이 육사 필기시험도 통과했지만 신체검사에서 떨어졌지요."

적명 스님은 나이 차이가 많이 나는 동생을 무척이나 아꼈다고 한다.

"큰어머니께 들은 이야기입니다. 제가 여섯 살 즈음 스님이 저를 큰집으로 불러 고기를 먹여주셨답니다. 돌려보내기가 아쉬워 스님이 저를 데리고 함께 잠을 잤는데 그만 제가 이불에 실례를 했나 봐요. 큰어머니께서 저를 혼내려 하자 적명 스님께서 '애가 그럴 수도 있지. 애 기 죽이지 말고 그만 하시라.'고 말렸다고 합니다. 큰어머니께서 '네 형은 어려서부터 너를 그렇게 애틋하게 생각했다.'고 하시더군요.

제가 초등학교 다닐 때는 스님이 중학생이었고 아르바이트를 다녔어요. 집안 형편이 어려우니 스님께서는 집안에 보탬이 되고 싶었겠지요. 초등학교를 졸업하고 중학교에 입학할 즈음 스님께 알파벳과 한문을 배웠어요. 알파벳 대문자와 소문자. 인쇄체와 필기체를 완전히 익힐 때까지 스님께서 눈을 부릅뜨고 옆에 앉아 계셨던 기억도 납니다. 그밖에도 음악이나 문학에 대한 말씀도 많이 해주셨습니다."

거사님이 중학교 1학년 때 적명 스님은 출가를 했다. 출가를 결심하고 작은댁을 찾은 적명 스님은 학교에 가지 않고 집에 있던 동생을 발견하고 깜짝 놀랐다. 알고 보니 입학금을 내지 못했던 것이다.

"스님께서 저를 데리고 직접 오현중학교로 가셨습니다. 오현중과 오현고가 같은 사립재단 소속의 학교였고 오현고 출신 선생님들이 많이 계셨습니다. 선생님들 대부분이 스님의 바로 위 선배들이었어요. 스님께서는 선배들에게 사정을 설명하고 돈을 빌렸습니다. 그 돈으로 입학금을 내고 제가 학교에 다닐 수 있도록 부탁을 하셨어요. 그때 스님이 아니었으면 오늘날의 저는 아마 없었을 것입니다."

어려워진 집안을 어린 동생에게 맡기고 출가하는 적명 스님

293

의 마음도 편치 않았을 터. 출가 직전 적명 스님은 거사님을 불러 집안 제사 날짜와 제사 지내는 법을 비롯한 각종 '장손의 역할'을 인수인계했다. 아껴 쓰던 문필함도 동생에게 물려주고 학교생활을 잘 하는 방법까지 세심하게 일러줬다고 하니 동생에 대한 미안함과 애틋함을 짐작할 수 있게 한다.

어머니도 못 말린
적명 스님의 출가 고집

다음은 적명 스님이 생전에 직접 들려준 출가 이야기다.

대입 재수 준비를 하다가 21살에 출가했습니다. 중이 되리라고는 생각도 못하다가 출가를 했어요. 중학교 때까지는 동네에서 알아주는 말썽꾸러기였다가 고등학교 때부터 공부를 시작해 고3때는 육사 입학시험에 지원할 정도는 됐어요. 당시 육사 경쟁률이 50대 1, 60대 1 할 때였는데 필기는 붙고 2차 실기에서 떨어졌어요.

재수를 하다 불교활동에 열심이던 친구를 만난 것이 결정적 계기가 되었습니다. 그 친구가 부처님은 모든 것을 다 아는 분이고 뭐든지 할 수 있는 분이라고 해요. 그래서 제가 물었어요. 그런 분이 왜 계속 살아 있으면서 가르침을 펼치지 않고 돌아가셨느냐고요. 그랬더니 친구는 부처님은 욕망을 버린 분이다, 삶에 대한 욕망도 없었고 죽음을 피하지도 않았다고 합니다. 모든 것을 통달했기 때문에 죽음 따위도 두려워하지 않았다는 것이죠. 친구 얘기를 들으면서 저는 대학에 가기 위해 열 몇 가지 과목을 공부하는데 부처님처럼 모든 것에 통달하면 굳이 공부를 할 필요가 없겠다는 생각도 어린 마음에 잠시 들긴 했습니다. 처음에는 농담처럼 들었던 친구의 말이 계속 가슴에 남아 있게 되었습니다.

그러던 중 지인과의 약속 문제로 큰 고민이 생겼습니다. 딱히 해결방법이 안 떠오르면서 생각을 정리하기 위해 한라산 중턱에 있는 암자에 올라가게 되었습니다. 이전에 석가모니가 진리를 얻기 위해 설산고행을 하면서 공부한 내용이 자꾸 떠오르면서 출가에 대한 생각이 일어났습니다. 그러다가 문득 '내가 태어나고서 최초의 기억을 한번 떠올려보자'는 생각이 났습니다. '나는 어디서 왔는가?'란 화두와 같았어요. 3~4살 무렵 바닷가 인근의 절에 살 때 아버지(성수 스님)가 머리를 깎아주셨어요. 당시 바리캉이 무디어서 얼마나 아팠는지 내가 하도 울어 싸니까 아버지가 바리캉으로 때렸던 그 기억이 태어나 기억하는 최초의 삶이었지요. 결국 우리가 80평생을 살더라도 돌아보면 어제 같고, 한 생이 한 순간과 다름없다는 생각이 확연히 들었습니다. 또 암자의 스님이 들려주는 말씀도 마음에 닿아 왔습니다. 스님은 "종소리가 왜 종소리인가? 종만 있어서 소리가 나는가? 종을 치는 사람이 있어서 소리가 나는가? 이런 모든 작용들이 모아져서 종소리가 나는 것이니라."는 말씀도 하셨는데 출가 쪽으로 마음이 기울어지다보니 모든 상황이 가르침으로 다가왔던 거지요.

출가라는 화두를 들고 3개월 간 고민하다가 마침내 결심했습니다. 사실 당시 육사 입학시험에 떨어지고 나서는 원자력공학을 공부해서 교수가 되는 것이 꿈이었거든요. 그런데 그렇게 살아도 결국 한 줌 흙으로 다시 돌아가는구나 싶어 생각을 정리했어요. 부처님처럼 진리를 찾는 사람이 되어 보자고요. 부처님이 되지 못해도 후회를 할 것 같지는 않았어요.

출가 결심을 어머니에게 말씀드렸더니 '네가 출가하면 나는 죽는다.'고 하십니다. 그래서 제가 '어머니가 돌아가시면 무덤 만들어 놓고 출가하겠다.'고 했어요. 저의 확고한 뜻에 어머니도 더는 말씀을 잇지 못하셨습니다. 제주도에서 가장 가까운 부산 범어사로 갔다가 거기서 만난 스님이 은사 우화 큰스님을 추천해줘 나주 다보사로 가서 출가했습니다.

적명 스님은 출가 직후 제주도 월정사에서 잠시 머물게 된다. 전국을 만행하다가 우연히 찾은 곳이 마침 할아버지 김석

출가한 후 제주를 찾았을 때 가족사진. 앞줄 왼쪽에서 첫 번째 적명 스님 모친.
뒷줄 왼쪽에서 두 번째 동생 김동호 거사, 네 번째 적명 스님

윤 스님이 창건한 제주포교소 월정사(정실)였다. 월정사는 1934
년 제주 최초 선원이었는데 1948년 4·3사태로 폐허가 되어 작
은 인법당 형태로 재건된 상황이었다. 월정사에 머무는 동안
적명 스님은 아우 동호에게 "나는 출가수행자다. 앞으로는 나

를 형이라 생각하지 말고 스님으로 보아라. 가끔씩 제주에 내가 나타나거든, '오면 왔구나 가면 갔구나'라고 생각하라."고 말하곤 했다.

월정사에 머물던 적명 스님이 한동안 한라산 중턱의 움막에 올라가 수행한 적이 있었다. 한참 정진하던 스님을 밖에서 누군 가 애타게 불렀다. "용태야! 용태야!" 선정에 들었던 적명 스님 은 속가 이름을 크게 부르는 어른들의 목소리를 듣고 움막에서 뛰어나왔다. 주변을 둘러보았지만 아무도 없었다. 순간 움막이 무너져 내렸다. 어떻든 수행 중에 일어난 일이었지만 집안 사람 들은 조상들이 도우셨다고 안도했다.

스님은 월정사에 좀더 머무르다 2년 후 걸망을 짊어지고 운 수납자의 길을 떠나게 된다.

"처음에 적명 스님께서도 신도들과 더불어 살면서 포교를 해보려는 마음을 가지셨지만 시간이 흐르면서 벽이 생겼다고 하셨어요. 신도들이 스님께 원하는 것을 해줄 수 없었다는 겁 니다. 신도들은 '자녀가 아프다, 시험에 붙게 해달라.' 등 생활에 도움이 되는 일을 해결해 달라는 주문이었는데 스님은 그런 걸 들어주실 수 없다보니 본인 수행을 위해 다시 만행을 떠나셨습 니다."

언제나 마음속에
살아 있는 스승

김 거사님은 제주교대를 졸업하고 교사의 길을 걷다가 제주 오라초등학교 교장을 마지막 소임으로 정년퇴임했다.

"언제부턴가 제주 불자들이 사찰순례를 가서 우연히 스님을 만났다는 말씀들을 가끔 해주셨어요. 해인사에서 뵈었다, 봉암사에서 인사를 드렸다는 이야기를 들었지요. 비로토굴에서 공부하실 때까지는 불자들이 스님을 가까이 뵙기는 어려웠지만 이후 기기암과 봉암사에서는 찾아오는 불자들을 맞아 주셨기 때문인 듯합니다."

거사님이 적명 스님을 본격적으로 찾기 시작한 때는 정년퇴직을 한 뒤부터다. 적명 스님은 은해사 기기암 선원에서 후학들을 제접하고 있었다.

"스님께서 비로토굴에 계실 때 제 아이들 3남매가 스님을 뵈러 간 적 있습니다. 하지만 저는 같이 가지 못했어요. 언젠가 기기암에 가서 뵈니 스님께서 '나는 여기서 공부를 마칠 것이다. 여기서 공부를 마쳐야 움직일 수 있다.'고 하셨습니다. 스님의 결기가 확 느껴졌어요. 나중에는 전화를 주셔서 인연 따라 봉암사로 가시게 됐다는 말씀을 하셨습니다. 스님께서 기기암선원에 계실 때 큰어머니가 돌아가셨습니다. 그때 같이 큰어머니를

비로토굴을 찾은 조카들과 함께

기기암에 적명 스님의 속가 친척들이 모였다
적명 스님 좌우로 김동호 거사 부부
(맨 오른쪽) 제아 스님의 모친이자 적명 스님의 고모인 김복수 보살

보내드리고 49재도 모셨습니다."

김 거사님은 적명 스님이 봉암사 수좌로 추대된 뒤 매년 봉암사를 찾아 대중공양을 올리고 적명 스님의 건강을 살폈다. 그러던 중 갑자기 적명 스님 입적 소식을 듣고 황망한 가운데 장례에 임했다.

봉암사 대중스님들의 차분한 준비 속에 영결 다비식은 여법하게 진행됐다. 김 거사님 역시 적명 스님의 마지막 길을 지켰다.

"봉암사에 있으며 사망신고를 해야 했습니다. 제가 교통편이 마땅치 않아 종무소에 앉아 있으니 젊은 스님이 저한테 오셔서 가은 읍내로 모셔다 드리겠다고 합니다. 스님의 차에 올라탔는데 그 스님께서 통곡을 하면서 울어요. 그래서 제가 무슨 일이 있으셨냐고 여쭈었어요. '저는 출가한 지 10년 좀 더 됐습니다. 공부를 여쭈려고 전국의 어른스님들을 다 찾아 다녔습니다. 흔쾌한 말씀을 주시는 분이 없었어요. 마지막이라는 심정으로 지난 동안거 직전에 와서 적명 큰스님께 공부를 여쭈었습니다. 큰스님께서는 반가워하시며 저의 공부 길을 기꺼이 안내하고 도와주시겠다며 격려를 해주셨어요. 큰스님의 말씀이 너무 감사해 동방장실에서 한참 울다 나왔습니다. 이제 공부의 방향을 잡아가려던 차에 큰스님께서 떠나셨습니다.' 스님의 말씀을 듣고 저도 같이 울었습니다. 그저 '공부 열심히 하시길 바란다'고밖에 말씀드릴 수 없었어요."

김거사님이 또다른 후일담을 이야기했다.

"어떤 불자님이 저에게 적명 스님이 쓰시던 국궁國弓을 가져오셨습니다. 스님께서 비로토굴에 계실 때 사용하셨던 거라 했습니다. 그 분은 '적명 스님께서 정신 집중과 수행의 방편으로 국궁을 수련을 하셨다.'고 했습니다. 사실 저도 국궁을 하고 있어서 신기했지요. 스님의 마지막 유품이라 생각하고 국궁을 잘 보관하고 있습니다."

김 거사님은 숨을 고른 뒤 다시 말씀을 이어나갔다.

"적명 스님은 평생 다른 데 마음 두지 않고 정진하신 것만으로도 존경받을 만하다고 생각합니다. 스님은 저에게 아버지이자 스승이십니다. 단순한 형님 그 이상의 존재였습니다. 어릴 때부터 지금까지 저에게 가장 큰 영향을 주신 분이고 지금도 제 마음속에 항상 살아 계신 스승이십니다.

김 거사님의 법명은 '浩然(호연)'이다. 어린 시절 아들을 대신해 어머니가 정성스레 받아 둔 법명이다. "할아버지, 아버지, 삼촌들, 형님 스님께서 잘 살아가신 모습을 본받아 저도 수행과 포교를 위해 노력하고자 합니다. 이제부터라도 제 법명에 맞는 밥값을 해보이겠습니다."

봉암사의 겨울

유철주

불교전문작가. 불교 언론에서 기자와 편집장
으로 일했고 인연이 되어 많은 수행자들을 인
터뷰 했다. 이번 아홉 번째 책으로 존경하는
스승 적명 스님의 삶과 가르침을 담은 『적명
을 말하다』를 썼다.

사진 도움

34쪽 김성곤 사진작가
50쪽 맑은 소리 맑은 나라
62쪽 안홍범 사진작가
114쪽 백련불교문화재단
129쪽 허경삼 사진작가
134쪽 세계명상마을 건립추진위원회
155쪽, 168쪽 김성헌 사진작가
249쪽 불교신문

봉암사 사진/ 유병문 사진작가